生活勵志

不在意，更能隨心所欲

暢銷心靈作家　何權峰　著

高寶書版集團

序

這世上，能帶給你壓力的，都是因為你太在意；能帶給你痛苦的，也是因為你太在意；能傷害你的不是別人，也是因為你太在意了。

看看以下的狀態，是否覺得很熟悉：

對自己要求高，常自我懷疑和否定。

別人一點表情、語氣變化，會反覆琢磨。

擔心別人對自己的看法，怕不被認可。

討厭被比較，卻又老愛跟人比較。

對現狀不滿，難以接受，又不敢改變。

行動未開始，就預想各種不好的結果。

遇事左右為難，事後又後悔不已。

總是想太多，沉溺在負面情緒。

明明沒做什麼事，卻感覺疲憊。

煩擾從來都是自找的，無關大小，只看你在意的程度。人太要求完美，會導致不斷自我評判；怕得罪人，就常常委曲求全；過於敏感，很容易被一點小事或他人的言語所傷；過度思考，鑽牛角尖，必然內心煩悶；凡事看得太重，被太多的東西束縛和羈絆，必定活着心累疲憊；越是在意，越容易被情緒挾持，最後痛苦折磨的都是自己。

正所謂「沒心沒肺，活著不累；事事入心，活著受罪」。

有些事，不是在意了就能改變，不是努力了就能變成你喜歡的樣子。學著去接受，看淡、看開一點，起碼少一點紛擾。

有些人，不是討好就能換來美好，不是用心就能換來真心。與其糾纏不休，還不如過好自己，起碼多一份自在。

不在意，並非漠不關心，而是不要太多心。你照顧不了所有人的感受，也沒辦法讓所有人變得喜歡你、接受你、認可你。有人對你不滿，不用難過，因為讓所有人都滿意，你也不會好過。

不在意，是一種豁達，一種灑脫、淡然的心態。允許一切發生，也允許一切事與願違，你接受也好，不接受也罷，結果都一樣。不同的是，當你不再執著，不再強求，不再糾結，不再計較，不再胡思亂想，就不再內耗。

不在意，就是把看不慣的人看慣，把接受不了的事接受。再重要的人，失望多了，也就不重要了；很在乎的事，挫折到極致，也就無所謂了。以前難過會哭，現在難過笑笑就過。

回想截至目前為止，你的人生曾經發生過的重大事件，事件發生的當時也許很不好受，而今呢？得罪幾個人，搞砸幾件事，真的沒那麼嚴重。

人生除了生死，都是小事。別把什麼都往心裡去，隨心所欲地做自己，人說你好也好，說你壞也罷，學會不在意，誰能傷得了你？

何振峰

CONTENTS

PART 3 人生有尺，做人有度

PART 4 心態對了，事情就對

CONTENTS

PART 6
心愈安靜，愈有力量

PART 7
停止內耗，活出自己

CONTENTS

PART 1

他人評價，不該限制你的人生

人們常有錯誤認知，以為得到別人肯定，就代表自己是對的，
被別人批評、非議就代表自己是錯的。
這個心態很奇怪，別人沒教養的時候，
你並不會認為自己沒教養，
那為什麼別人隨口一句話，你會如此認真看待？

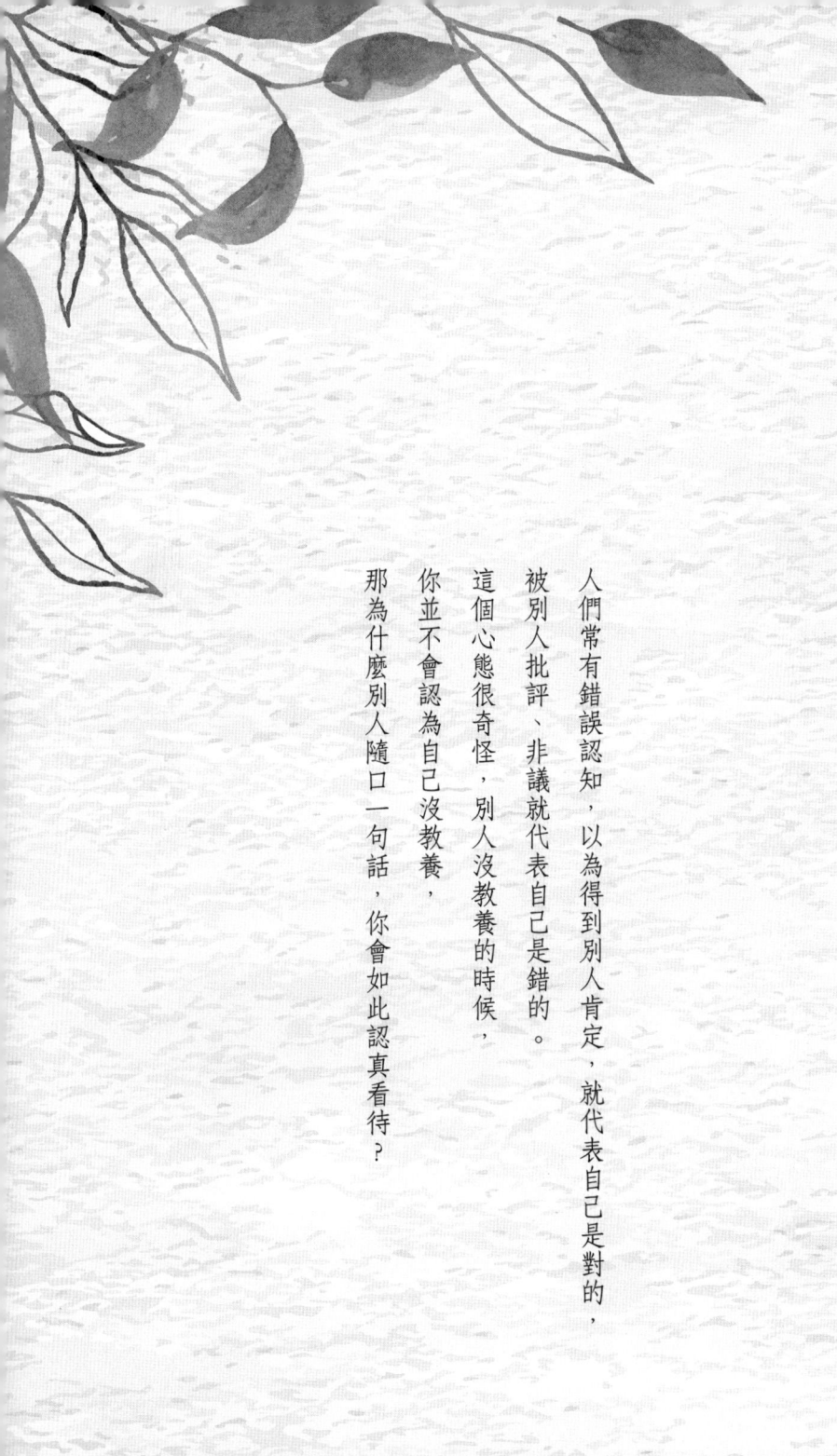

很在意別人的眼光，該怎麼辦？

很在意別人，其實是太在乎自己

你有沒有注意到，很多人摔了跤後，第一反應不是看哪兒摔著了，而是先看看有沒有人看到自己摔跤的狼狽樣子。

絕大多數的人都會在意「別人怎麼看我」，只是在意的程度因人而異，就看它會不會給自己生活帶來不好的影響。

很在意別人，其實是太在乎自己。因為對自我存在過分放大，太把自己當回事，總覺自己的表現好壞都會被看見，做事就會產生畏懼感，容易變得緊張焦慮。別人一個眼神，一個舉動，一句無心的話，都耿耿於懷，反而活在別人的眼光中。

了解之後，就不那麼在乎別人的眼光

掌握這四點，讓你更理性地看待別人的眼光。

一、其實你沒有那麼多觀眾。

每個人都是以自我為中心，最在意的是自己。即使你覺得有些事很尷尬，實際上很少人會放在心上。大部分的人都在關心自己，都忙著想自己的事，別人沒有你想像中的那麼關注你。

二、別人的評價都是主觀的。

每一個人眼裡的你都是不一樣的。有些人會漠視你，另一些人卻看重你；有些人肯定，也有些人質疑你。每個人的判斷、意見、反應與感受不同，既然不同，一切也只是「主觀認為」、「主觀感覺」。

三、批評你的人也許自己有問題。

狗逢人就吠，不管是路人，警察，還是小偷。有人批評你，也許這個人並不是僅僅針對你，也許他對誰都是這樣，這只是他固定行為模式而已。那些喜歡否定別人的人，可能不是你的問題，而是否定你的人有問題。

四、人都有嘴，但腦子不一定都有。

不想受他人的看法左右，需要擁有獨立的判斷和思考。比方，對於某種疾病的建議，如果是專業醫師所述，就洗耳恭聽；但如果是門外漢的話，則是聽聽就好。不是內心認可的人，就不必當真。

人生不在別人的眼裡，而在你自己心裡

不想受他人的看法左右，你得先清楚自己的想法。許多人每天把時間花

在思考別人怎麼想：「他說什麼？他開心嗎？他喜歡我嗎？」

我想說的是，你呢？你自己要什麼？你快樂嗎？你喜歡這樣的自己嗎？你不能透過別人的口味找到自己喜歡的菜。

路是自己的，怎麼走跟別人無關；生活是自己的，不是活給別人看。沒有人比你更知道自己要什麼，沒有人比你更知道內心深處的想法，沒有人能替你過你的人生。你才是最了解你的人。誠實面對自己的感受，跟著自己的內心走。

要學會「不在乎別人眼光」就必須「比別人更有眼光」。當你看見自己的價值，就不需要靠別人肯定；對自己有自信，就不會受外界的評價影響；看見自己的好，就不需刻意討好；相信自己在做對的事，就不會因別人的反應而惶恐不安。

忘了別人眼中的自己，才能活出真實的自己。

想想，生活中，你對別人有什麼想法？這種想法會持續多久？
你的想法有沒有影響對方的日常生活呢？答案當然是否定的。
你是否還記得去年三月一日以及九月十八日，別人怎麼評論你？
應該都忘了吧。
別人當然更不可能記得。別人怎麼看你，真的不重要。
「鳥可以飛過你的頭頂，但不能在你頭上築巢。」
別人的話語並不會帶來真正的傷害，會讓你受傷的是你的認同，
是你的念念不忘。

總會有人不喜歡你

你討厭我無所謂，那些懂我、愛我的人才珍貴

每個人都會有喜歡的人，自然也會有討厭的人，這都很正常。一人難順百人意。每一個人認知不同，立場不同，價值觀不同，我們不可能同時讓所有人滿意。每個人都有自己的標準和喜好，無論我們如何努力迎合，都難以取悅所有人。

同樣，百人難順一人心。眾多的人各有各的想法和做事的方法，你不可能都喜歡，也不可能所有人都讓你滿意。

相信很多人都有類似經驗，有時候看著毫無交集的陌生人，說不上為什麼，心裡就生起不大喜歡的念頭？覺得自己明明就沒有做不好，也沒有做什麼不對的事，怎麼莫名被討厭？明明沒得罪人，沒來由被找碴？

怎麼回事？就像一道菜，不可能得到所有人的喜愛。香水有人喜歡，有人討厭它的香味。有人愛吃香菜，而討厭的人聞到就覺得噁心。

不喜歡你的人，再討好也沒有用

你不喜歡的東西，換上最漂亮的包裝，你就會喜歡嗎？

我猜你不會。這世界最自討苦吃的事，就是努力討好不喜歡你的人。你以為是自己哪裡不夠好，所以努力地去改進，委曲求全，到最後才發現，你所做的一切根本沒有任何的意義。

對於不喜歡你的人，再付出、再討好也是沒有用的。即使你做得再賣力，也可能被嫌棄和挑剔。即使不去招惹，也可能莫名被討厭。

引用某部電影的金句：「一個人喜歡你，會連你的缺點都喜歡。一個人討厭你，會連你的優點都討厭。」我們必須接受這個事實。沒有一個人會被所有人喜愛，如同你也無法喜歡每一個人一樣。

不被喜歡並不代表你不好，你有你的優點、長處、能力與特質，並不會因為不被喜歡就失去了價值。謹記自己的價值所在，做你自己，只有做真實的自己，喜歡你的人喜歡的才是真正的你。

就算有人不喜歡，至少你喜歡自己。

不要在意失去了誰，應該在乎剩下的是誰

對方討厭你是他的自由，跟你是否優秀無關。看看身邊人緣好和優秀的人，也不是都能受到每個人的喜愛。

人本心理學家卡爾・羅傑斯（Carl Rogers）主張的「二七一法則」。無論你做什麼，都會有百分之二十的人對你友好，百分之七十的人保持中立態度，百分之十的人敵視你。

要知道，討厭的人不過只佔了你周遭人群的百分之十，與花心力在這些人身上，不如將這些心思放在喜歡你的百分之二十的人身上。

不要在意失去了誰，應該在乎剩下的是誰。遠離討厭的人，也結束消耗自己的人際關係。保有一些個性，能夠幫你篩選留在身邊的人。

人生過半，現在的我人際關係很簡單，你真誠相待，我禮尚往來；你對我不好，我絕不討好；合則來，不合則散；不強求別人，也不委屈自己。

你討厭我無所謂，那些懂我、愛我的人才珍貴。

想像自己是一個富含營養又好吃的水果，可惜，有人就是不喜歡吃。

同理，即使你再好，也會有人不喜歡。但是，這並不是你的錯。

你只需要做好自己，並找到那些愛吃這種水果的人就好。

有人看不慣你，排擠你時，問問自己：

「有人討厭蕃茄，難道是蕃茄的錯嗎？」

「有些人不喜歡香蕉，香蕉應該難過嗎？」

只要想清楚這點，便能讓你釋然。

誰人背後不被說？

有人在背後批評誹謗，說明你走在前面

《法句經》中寫道：「世上絕對沒有單單受人非難，或單單受人讚美的人；過去不曾有，現在不可能有，將來也不可能產生，這是亙古不變的事實。沉默會受到非議，多嘴會受人指責，即使寡言也不能免於見責。所以，世上絕對不存在沒有被人非議過的人。」

你平庸，有人瞧不起；你優秀，會招人眼紅；你內向，說你清高；你外向，說你高調；你退讓，說你軟弱；你剛強，說你霸道；你漠然，說你置身

事外；你認真，說你大驚小怪。

無論你怎麼活，都會有人說三道四，無論你做什麼，都會有人指手畫腳。即使是受到景仰的聖哲：蘇格拉底、釋迦牟尼、耶穌、孔子，都曾遭受各種批評、中傷和誣陷。

用蘇格拉底說話前的「三個篩子」過濾一遍

遇到批評的時候，我們會難過、沮喪、生氣，急著反駁，甚至大發雷霆。然而這個舉動只會讓自身戾氣沸騰，如果對方刻意要打擊你，恰好正中下懷。要做到不受到他人影響，我們可以運用蘇格拉底說話前的「三個篩子」過濾一遍。

第一個篩子叫做真實。放下自己的情緒，先問：這些話是真的嗎？自己的錯誤在哪裏？有沒有需要反省的部分？如果你沒錯，沒必要生氣；如果你是錯的，沒資格生氣。

第二個篩子叫做善意。去釐清：這些話是善意的建言，還是惡意詆毀？把建設性的批評看作一份禮物接收，惡意詆毀則物歸原主。

第三個篩子叫做重要。檢查看看：這些話是重要的嗎？這個批評者是誰？他有多了解你？他有多值得信任？如果他不重要，只是個路人，或是信口開河，一笑置之即可。

錢鍾書先生說：「什麼是教養？我人前人後不揭穿你，你張口閉口都是我不好，這就是我們的差距。不是你的狂妄讓我沉默，而是你的無知讓我無語，教養這東西，不是人人都有的。」

人們常有錯誤認知，以為得到別人肯定，就代表自己是對的，被別人批評、非議就代表自己是錯的。這個心態很怪，別人沒教養的時候，你並不會認為自己沒教養，那為什麼別人隨口一句話，你會如此認真？

只有果實纍纍的樹，才有人拿石頭去丟它

愛搬弄是非的人，本身就是製造是非的人。習慣貶低他人的人往往內心有些自卑，他們會透過批評來抬高自己，讓他們覺得自己更優越。

所以，一個有所作為的人，必有議論；優秀傑出，必有誹謗；表現耀眼，超出眾人，必伴隨着嫉妒與嫌惡。你愈出色，遭受的非議就愈多，你愈好，討厭你的人也愈多。或許因為你的好，讓人相形見絀。

就像把瓷杯與金杯放在同一個籃子，瓷杯怕龜裂破碎。當你表現出色，搶走別人風采，你身邊的人承受壓力，自然會排擠、打壓你。

江河萬里，總會有崎嶇不平之處，當水平面上升，就能蓋過。面對批評也一樣，你表現的「水平」，會顯示你的層次——扔一塊石頭到水深的地方，只會發出微弱的聲音，而扔到水淺的地方，就會水花四濺。

稻盛和夫曾說：「當你接觸的人愈多，你就會發現，比你層次高的人會鼓勵你，同層次的人會欣賞你，比你層次低的人，才會詆毀你。」

批評很容易，欣賞、鼓勵很難。

批評不需要才華，不需要努力，更不需要人品。

批評表演者很容易，自己上台表演很困難；

批評作品很容易，自己創作很困難。

你可以批評畢卡索的畫，但你能畫得出來嗎？

那些在背後詆毀你的人，都是不如你的人。

他們會走在你後面，不是沒有原因的。

有人對你不滿，那就對了！

不被喜歡，只是因為你們不是同一類人

做人難，因為總要顧及別人感受，還要照顧別人心情；討好人更難，因為你可以讓A滿意，卻不一定能讓B滿意，一不小心便可能落入「順了姑意，逆了嫂意」或是「討好了土地，得罪了灶神」的窘境。

大家一定都聽過父子騎驢的寓言故事。

父子倆牽著驢進城，半路上有人笑他們：真笨，有驢子不騎！

父親便叫兒子騎，走了不久，又有人說：真不孝，竟然讓父親走路！

父親叫兒子下來，自己騎，又有人說：真是狠心，不怕把孩子累死！父親叫兒子也上來。誰知又有人說：兩個人騎在驢背上，虐待動物。最後父子倆合力把驢扛進城。經過河邊時，一大群人圍了過來，取笑起這對父子，吵鬧聲使得驢很驚慌，用力掙斷了繩索，結果掉到河裡淹死了！

討好世界，注定失去自己；盲目聽從，注定被人恥笑。想迎合所有人，最後累死的一定是自己。

有人喜歡你的同時，也有人討厭那個你

《貞觀政要》裡記載了這樣一則故事：

一天，唐太宗問許敬宗：「我看滿朝的文武百官中，你是最賢能的一個，但還是有人不斷地在我面前談論你的過失，這是為什麼呢？」

許敬宗回答：「春雨貴如油，農夫因為春雨滋潤了莊稼而喜愛它，行

路的人卻因為春雨使道路泥濘難行而嫌惡它；秋天的月亮像一輪明鏡輝映四方，才子佳人欣喜地對月欣賞，吟詩作賦，盜賊卻討厭它照出了他們醜惡的行徑。無所不能的上天尚且不能令每個人滿意，何況我只是一個普通人呢？」

乾旱燥熱時，下一場雨讓人歡喜；但在收割的季節，下一場雨就會讓人討厭。有人喜歡你的同時，也有人討厭你，你不可能讓每個人都滿意。

我經常想到自己一路走來所碰到的反對者。所以每當我給年輕人一些個人的意見時，我總會告訴他們：做事不需人人理解，只需盡心盡力；做人不需面面俱到，只要光明磊落。

如果每個人都對你感到滿意才有問題。一味討好就成了濫好人，始終在爭取每個人的認可和喜愛，往往是在欺騙人。迎合所有人，反而很難找到真心待你的人。

再惡的人都有知己，再好的人也有仇敵

孔子的學生子貢提過這個問題，子貢說：「老師，同鄉的人都喜歡一個人，是不是這個就是好人？」

孔子說：「這可不一定。」子貢又問：「同鄉的人都厭惡他，這個人是不是壞人？」

孔子說：「這也不一定。同鄉的好人都喜歡他，同鄉的壞人都厭惡他，才是真的好。」

很多時候，不被喜歡不是壞事，只是因為你們不是一路人。

會被厭惡，代表著你正派、有原則、有所堅持。你沒有不好，反而是因為很好，才成了別人的眼中釘。

有人對你不滿，那就對了！再惡的人都有知己，再好的人也有仇敵。你

沒必要因他人認同而得意忘形，也沒必要因他人不滿而暗自神傷。既然好人難做，只管去做自己該做的事，隨別人去說吧。

我們做任何事都應該聽聽內心的感受，問自己：「這是我想做的事嗎？」若出於自願，就儘管去做；若勉為其難，勉強去做只會感覺更糟。權衡選項時，靜下來想：「我做了以後會有什麼感覺？」會感到生氣或不快？還是覺得快樂，有成就感？

你不用刻意討好而委屈自己，因為討來的喜歡都不會長久。凡事有求必應，漸漸地，人們會把你的付出當作理所當然。勉強去按別人的意願行事，失去了自己的原則，只會換來別人的得寸進尺。不迎合、不討好，才能真正贏得尊重。

別人不懂你，誤解你

人活著，是為了做自己，不是為了解釋自己

世上沒有一個人能做到完全理解所有人，也沒有一個人能讓所有人完全理解。

能被理解很好，被誤解了也很正常，無論關係有多親近。

被人誤解時，會感到委屈、無奈或憤怒，急著想為自己辯解是人之常情。然而如果太急躁，情緒太激動，結果往往適得其反。

最好等到平靜下來再說。儘量做到不惱不怒，只闡明真相，才不會把事

情搞得更糟。

如果你已經解釋，對方不肯接受，或是不想聽解釋，便不須多言。若是對方是對你來說不重要、不在乎的人，沒必要多耗費心力。

有些人不管事實如何，只按自己的理解做出判斷，他們只會相信自己相信的。

有些人就是來找麻煩的，無論你說得再清楚，對方總在曲解，在這個時候說什麼都是徒勞，不如保持沉默。

有的人不聽你解釋，有的人不需要你解釋

在《小和尚的白粥館》書裡讀到一則故事：

作者戒嗔小和尚說，在寺院裡有個戒憂師兄。

有一次他到鎮上買東西，別人找給他的錢很髒很破舊，當他買東西要拿這張鈔票給攤商，人家都不願接受。

於是，他就順手買一張彩票，沒想到這張鈔票竟中了頭等獎。

但因為同時也有很多人中，因此中獎金額並不大。

他喜出望外地在路上走著，迎面而來的孫大嬸問他何事那麼高興，他說中了彩票頭等獎，並請孫大嬸不要告訴其他人。

沒想到第三天就傳遍整個村鎮。

戒憂師兄忍不住去責怪孫大嬸，她很委屈地向戒憂師兄解釋，她只是在鎮上的馬路邊自言自語時被人聽到的。

消息的版本很多。開始的時候，大多和中獎有關，只是金額不同，從一百萬到五百萬不等。

後來衍生的消息多了起來，比如戒憂師兄因為中獎要離婚，中獎其實是把貪污來的錢洗錢等等。

戒憂師兄很困擾，逢人便解釋，有人信了，也有人認為是欲蓋彌彰。

戒憂師兄去請教師父。

師父問：「戒憂，你中了多少錢？」

戒憂師兄說：「我中了五千多塊。」

師父又問：「如果你向每個人解釋後，你又中了多少錢？」

戒憂師兄說：「還是五千多塊。」

戒憂師兄略有所思，從此不再向人解釋他中獎的事情。

又過了幾天，他的心情已經變得好很多。

別人不懂你，誤解你，有那麼重要嗎？

常言道：「解釋就是掩飾，掩飾就是事實。」

不要總是跟別人沒完沒了的解釋，這是最沒自信、沒意義的行為了。懂你的自然會懂，而不理解你的人，就算解釋再多也沒用。

你愈解釋往往愈描愈黑，因為你無法證明「不存在」的事。

清者自清，濁者自濁。君子不必向小人解釋，真實不必向虛偽解釋，卓越的人沒有必要向拙劣的人解釋什麼，問心無愧就好。

曾經有人問建築大師貝聿銘，「你怎麼去面對這麼多的批評？」他的回答是：「我沒有時間去管那些批評，因為我專心解決自己的問題都來不及。」深有同感！

人活著，是為了做自己，不是為了解釋自己。與其浪費精力向別人解釋，不如專注的活出自己。

當你變得更優秀強大，那些閒言碎語自然無足輕重、無關緊要。別人不懂你，誤解你，有那麼重要嗎？

理解別人對自己的不理解，是包容的第一步。

當你發現有人不理解時，要理解別人都是以自己主觀認知，

用自己的三觀來判別。

理解別人不懂你是理所當然，內心會釋懷許多。

其次，尋求被理解以前，先了解自己。

畢竟，你才是最親、最懂自己的人。

當你理解自己，就不會因他人的不理解感到難過，

因為你了解自己就夠了。

PART 2

換位思考，接納異己

你有自己的真理，但也要包容別人的真理。
你堅定自己的立場，但也要尊重別人的想法。
即使你不贊同別人的觀點，仍尊重對方表達的權利。
儘管你討厭某樣東西，仍允許別人喜歡。
不輕蔑別人的喜好，你就學會了尊重。

看見優點，比找出缺點更有意義

喜歡是看到一個人的優點，愛是包容一個人的缺點

「優點」和「缺點」往往同時並存，相伴而來。一個人有主見是優點，若是剛愎自用就成了缺點；足智多謀，太過就是詭計多端；信心堅定，太過則是頑固不化；豪爽大方會變成揮霍無度；謙卑忍讓會變成卑躬屈膝。

反過來說：粗率迷糊是缺點，如果不拘小節，大而化之則是優點；猶豫不決是缺點，但從另一個角度，就是深思熟慮；魯莽衝動，如果控制得當，就是勇敢果決；敏感多疑，如果控制得當，就是小心謹慎。

有個同事告訴我，她很羨慕性格外向的人，因為覺得他們比較主動、直接，富有表現力，善於社交，能受到大家重視。但根據我長期的觀察，內向者有很多吸引人的特質，比如個性細膩、善於觀察傾聽、有同理心，與他們相處特別舒服自在。

你喜歡的和討厭的，都來自同一特點

成長過程中，許多人總被挑剔或討厭自己的缺點。然而，如果消弭掉原有的特點，連優點也會一起被抹滅。試著換個角度看待，「我以為的缺點，很可能是優點」，你會更喜歡這樣的自己。同樣，學著把別人的「缺點轉化成優點」，與人相處就會漸入佳境。

一個有趣的實驗：找幾位對你很熟悉的人，然後請他們分別告訴你「最欣賞你的特點」以及「最討厭你的特點」。結果發現一個必然現象：你被某人所認定的優點，卻被另一個人當作是缺點。

譬如說，當有人欣賞你的「心直口快」時，就一定會有人討厭你「口無遮攔」。有人欣賞你「剛正不阿」，就會有人討厭你「嚴格苛刻」。

感情最矛盾的地方也在這裡，你欣賞的和討厭的，都來自同一特點。

比方，你欣賞對方獨立自主，懂得照顧自己，後來卻發現他自私自利，什麼事都只考慮自己；你覺得他充滿男子氣概，有安全感，後來卻發現他做事衝動，讓你沒安全感；欣賞對方慷慨大方，後來才發現他花錢如流水；欣賞對方節儉，後來發現他小氣吝嗇，不懂得付出；欣賞對方老實可靠，後來卻覺得他不懂察言觀色，呆板無趣；喜歡對方對你噓寒問暖，關懷備至，後來受不了對方愛嘮叨，管太多。

不要因為一些缺點或錯誤就否定掉全部

佛蒙特諺語：「當你買這塊土地時，你買下了這些石頭；當你買這塊肉的時候，你買下了這些骨頭。」

欣賞對方詩意浪漫，就得接受他不切實際；欣賞對方精明能幹，就得接受態度強勢；欣賞對方溫馴順從，就得接受他依賴無能；欣賞對方打拚事業，就得接受他顧不上感情和家庭。你不可能事事都會，他不可能樣樣都行。我們都有缺點，所以彼此要包容；我們都有優點，所以要學會欣賞。

爭吵的時候，多想想自己的錯，就會寬容別人的過；不滿的時候，多想想對方的好，很快會重歸於好。有位學弟有感而發，因為太太不擅料理，菜式都以清蒸、水煮。中年後突然發現，口味清淡，健康低負擔飲食，反成為了最大的優點。

看見優點，比找出缺點更有意義。

雞舍裡有雞蛋，也有雞屎，你是否放著雞蛋不拿，整天抱怨雞屎？

有太多的人都犯了這種錯誤，總是在「找問題」、「挑毛病」，

若只看缺點，缺點將不斷放大，而忽略優點。

有句話說得好：「眼睛只看著別人的缺點和過失，你就是一個垃圾桶；

眼睛只看著別人的優點和長處，你就能成為一個聚寶盆。」

與人相處之道，不過是尊重彼此

很多事其實並無對錯，只是不同

每一個人來自於不同的家庭，受過的教育，走過的路，經歷的事不同，造就不同的認知、觀念、喜好、想法。看不慣一個人，無非是將自己的思想橫加於別人。認為自己是怎樣，別人也該怎樣。

通常有潔癖的會看不慣髒亂的，節儉的看不慣愛花錢的，浪漫的會對現實的另一半不滿，有原則的會討厭隨便的，急性子對動作慢的人生氣……如果你總是拿自己的標準去要求別人，你會看誰都不順眼。

有個同事做事拖拖拉拉，有些計畫明明期限快到了還一副逍遙的樣子。真是看不慣！漸漸地，我對他變得沒什麼耐心，說話也不再客氣。有一天，當我的火氣再度生起時，突然間一個念頭閃過：「這個辦公室有那麼多人，卻只有我在為他的表現惱怒。事實上，大部分的人根本不知道有這回事，即使知道的人也不像我那麼不滿。為什麼我會如此介意呢？」

人如果能相互尊重，又何須「忍讓」？

看人不慣，未必是別人不對。每當我們想批評別人的時候，要記住，這世上並不是所有人都像我們一樣。別人的「錯」，只是我們以自己的角度看，他並不這樣認為，否則他也不會這樣做，這個「錯」可能不在他身上，而在我們心裡。

有一次我問學生：「你們哪些人擠牙膏會從前面擠？」大約半數人舉了

手。「哪些人擠牙膏會從後面擠？」又是半數人舉了手。「理由是什麼呢？」「習慣！」真有默契啊！大家相視而笑，於是我說：「很多事其實並無對錯，只是習慣不同，對不對？」

我們都沒有錯，錯的是無法做到尊重別人，讓他做自己。

我們常聽聞伴侶為了擠牙膏等雞毛蒜皮的事發生口角，甚至個性不合導致分手；也遇到一些性格南轅北轍的人在一起相處時和諧融洽，為什麼？

關係破裂的故事，形形色色不下千萬種，但是如果你深入探究就會發現，不同並不是問題，反而是我們要求別人符合自己的意願。這就像強迫別人戴自己的眼鏡，結果當然不合。

美好的關係，不在於我們有多麼合得來，而是包容彼此間不合之處。畢竟，一個人的個性，不是一天形成的；一個人的習慣，是在他成為你夥伴前就已經存在的。為什麼因為你的出現，就必須遷就配合？你想做自己，為什麼別人不能？

允許自己做自己，允許別人做別人

「看不慣別人，是自己修養不夠。」這世界上什麼人都有，都以他們方式生活著，都值得尊重。對別人的生活品頭論足，只是顯露自己的無知和狹隘。學會尊重跟自己不一樣的人，格局和視野才能打開，當你看不慣的事物愈來愈少，也就代表你的修養進入更高境界。

與人相處之道，不過是尊重彼此罷了。你愛吃辣，我喜歡清淡，並不影響我們共享一張桌子；你想出門逛街，我想在家看書，不需要綁在一起；你選擇甲，我支持乙，不必每件事都同意彼此。關係可以有不同聲音，這就是尊重。

你有自己的真理，但也要包容別人的真理。堅定自己的立場，但也要尊重別人的想法。即使你不贊同別人的觀點，仍尊重對方表達的權利。儘管你討厭某樣東西，仍允許別人喜歡。不輕蔑別人的喜好，你就學會了尊重。

再多的愛，再多的忍讓，都沒有比「尊重」重要。人如果能相互尊重，又何須「忍讓」？

他的雜亂讓你噁心，但或許你的潔癖令他抓狂。

你看不慣他做事的方式，說不定他也受不了你自以為是。

你以為自己在忍別人，其實人家也在忍你。

你最受不了別人的地方，也許是別人最受不了你的地方。

魯迅先生說：「我以為別人尊重我，是因為我很優秀。慢慢地我明白了，別人尊重我，是因為別人很優秀。」

優秀的人，都懂得尊重別人，就像我們都希望自己受到尊重一樣。

尊重別人，就是尊重自己。

當你可以做到尊重敵人，其實已經沒有敵人，這才是真正無敵。

未知全貌，不予置評

這個世界裡，多的是你不知道的事

有一個寓言：一隻豬、一隻乳牛和一頭綿羊，被關在同一個畜欄裡。有一次，主人捉住小豬，牠大聲號叫，猛烈地抗拒。乳牛和綿羊都討厭牠的號叫，便說：「你也太誇張了吧，他也常常捉住我們啊！我們卻都不會大呼小叫。」

豬聽了便回答道：「捉你們和捉我完全是兩回事，他捉你們，要的只是你們的毛和乳汁。但是捉我，卻是要我的命！」

事沒發生在身上，誰都不知有多難；情沒傷在心上，誰都不知有多痛；沒有經歷過他人所經歷的一切，就無法感同身受。不了解事情的真正緣由，就不該妄加評判和指責。

當你評價別人時，你到底憑什麼？

讀過這麼一段話：「不要貿然評價我，你只知道我的名字，卻不知道我的故事。你只聽聞我做了什麼，卻不知道我經歷過什麼。」

人性中存在的最大問題，就是喜歡用自己視角揣度別人，把自己當做道德標準勸說別人，明明一點都不懂就對人指指點點，不分青紅皂白胡亂發表意見，不知事情的來龍去脈就輕易下結論。請記住以下這幾點：

一、你並不知道事情的全貌。你所看到的只是表象，而非真相；你所聽到的都是評論，不是事實。你認為的也只不過是你認為。

二、每個人都有別人所看不到的苦。你不知道別人生活發生了什麼，曾經歷過什麼。或許他曾發生嚴重創傷、深層的悲痛，或許他正在經歷著波折和磨難。

三、在同樣情境下，你的表現未必更好。勸人的話都會說，卻開導不了自己；安慰別人的話，對自己從來就沒用。當自己經歷的時候，未必能有別人豁達，表現未必更好。

四、評論別人都要考慮別人的感受。你隨意揣測，也許對當事人來說，如蜂針毒刺；一句惡意的話，如同刀子插身上。語言有時候比暴力更傷人。

多做理解，少做判斷

曾經有一個養雞的農人，他拒絕和所有的教會和教徒打交道，因為他看到教會裡有些人言行相悖，十分惡劣。

有一天，有一個傳道人到他的農場買雞，指著其中一隻又瘦又病又脫毛的雞說：「就這隻！」

「這隻？」農夫一臉困惑：「你為什麼想買這隻呢？牠是所有雞群裡最糟的一隻啊！」

傳道人告訴農夫，「我要把這隻雞養在家門前，若是有過路的人問起，就說這隻雞是從你那兒買來的，你飼養的雞就是這樣！」

「那不是太不公平了嗎？」農夫緊張地說道：「你看，我的雞哪一隻不是雄糾糾氣昂昂，只有這一隻例外，你怎麼可以拿這隻雞來代表我養的所有的雞呢？」

傳道人說：「你不就是這樣看教會和教友的嗎？只因為少數幾個人的作為就否定了所有人。」

農夫聽了，面紅耳赤，一句話也說不出來。

未知全貌，不予置評。就如我們不希望自己被人妄加評判。如果有一天，自己被中傷了，就會明白。

不要評價別人的好壞，因為你看到只是表面。
不要評價別人的是非，因為能讓你免於是非。
不要評價別人的感情，因為那和你沒有關係。
不要評價別人的生活，因為你沒經歷他的人生。

看到什麼和聽到什麼，固然由不得你，
但是要說什麼，可就全操之在己了。
試想，如果你沒有全然了解，怎能評斷這個人？

跟蠢人糾纏，看起來一樣蠢

在爭論中獲勝的唯一方式，就是避免爭論

網上流傳一則對話，意味深長。

有人問：「大師，什麼是快樂的秘訣？」

大師說：「不要和愚者爭論。」

對方反駁：「說實話，我不覺得這樣就能讓人快樂。」

大師答：「是的，你說的對。」

跟智者討論，我們能從中學習，增長才智；跟愚者爭論，除了招惹一身

的不快，不會有任何結果。

這裡說的「愚者」不是歧視，而是指彼此三觀不合，認知差異很大的爭論，形同雞同鴨講，對牛彈琴，沒有意義。

你辯贏，其實還是輸了

明知道爭論是無益的損耗，為什麼還要爭論？這便是智者和愚者的區別。

聽過這樣一個笑話：

有兩個人大吵一天，一人說三八二十四，一人說三八二十一，相爭不下，告到縣衙。

縣官聽罷說：「把說三八二十四的那個人拖出去打二十板！」

說二十四的人就不滿：「明明是他蠢，為何打我？」

縣官回答：「跟三八二十一的人能吵上一天，還說你不蠢？不打你打誰？」

永遠不要跟笨蛋吵架，吵贏了，你還是笨；吵輸了，你比笨蛋還笨。

人最大的無知，恰恰是不知道自己無知。

一旦開始爭論，雙方的必定會陷入「我沒有錯，錯的是你」的觀點，結局就只能是你死我活，最後不歡而散。

有爭論，就會有輸贏；有輸贏，就會有傷害。沒有人喜歡當輸家，當你證明自己是對的，覺得洋洋得意，但對方呢？他會不服，你等於否定了他的智慧和判斷，打擊他的自尊和自信，傷害了彼此的情誼，造成了可怕的對立。就算你辯贏，其實還是輸了，輸掉了氣度，留下後患。

跟豬打架，一定會搞得髒兮兮

「在爭論中獲勝的唯一方式，就是避免爭論。」

你可以討論，但別去爭論；就算你是對的，也不必非得證明別人是錯的。不要跟見識低、修養差的人一般見識，那只會被對方拉到同樣的水準。

話說有一天德國大詩人歌德在公園裡散步，在一條狹窄的小路上，與一位反對他的批評家不期而遇。那位批評家傲慢無禮地說：「你知道嗎，我這個人是從來不為傻瓜讓路的。」

歌德笑道：「而我卻恰恰相反。」說完閃身讓路，讓批評家過去。

你曾為一隻舊襪子或一件物品和小狗拔河過嗎？你拉，牠也拉。你把它從牠的嘴裡扯出來，牠就會再度咬住，還不斷地甩頭，同時對你發出吠叫。你愈是使勁地拉，牠愈拚命地拉。最後，你把手一放，牠也就不拉了。

跟蠢人糾纏，看起來一樣蠢。下一回，與人爭論時，別忘了提醒自己。

當爭執不下時，先靜下來想一想：你想得到什麼樣的結果？

必須付出什麼樣的代價？是否值得？

回想一下，過去跟人爭論後的情景：

你的心情如何？雙方的感情有什麼變化？有獲得你想要的結果嗎？

跟親人爭，贏了道理，輸了感情；跟朋友爭，贏了面子，輸了情義；

跟上司、客戶爭，那就更不智——

不管是西瓜掉在刀子上，或是刀子掉到西瓜上，永遠是西瓜被切開。

你贏了一場爭論，就輸了一個結果。

你給別人的，其實是給自己的

你為別人創造多少價值，你就有多少價值

利己是人與生俱來的本性，否則生存就會受到威脅。但當我們凡事以利己出發，必然處處計較；事事為自己利益打算，一定煩惱重重；總是占人便宜，犧牲別人的利益，自己路也會愈走愈窄。

聽過「螃蟹效應」嗎？在竹籃裡放一隻螃蟹，牠很快就能從裡面爬出來。但是當你多放幾隻螃蟹，牠們就沒有一隻能出來。為什麼？因為牠們會互相扯後腿。

人最糟糕的行為就是相互為難，喜歡詆毀和嫉妒，總是怕別人比自己過得好。

貶低他人，並不能抬高自己。去做一些損人不利己的事，給別人挖洞，自己也可能掉進洞裡。

施予的手，便是收成的手

所謂：互相搭台，好戲連台；互相拆台，大家垮台。

人與人都是相互的，你若是讓別人得到好處，滿足他人的需要，為別人帶來價值，別人的合作意願增加，自己的路也會愈走愈寬。

想起一則故事：

有個農夫種的玉米品種，年年都榮獲冠軍獎，而他總是將自己榮獲冠軍的種籽，毫不吝惜地分給其他農友，於是有人問他，為什麼這麼大方？

他說：「我對別人好，其實是為自己好。風吹著花粉四處飛散，如果鄰家播種的是次等的種籽，在傳粉過程中，必然會影響我的玉米品質。因此我很樂意與其他農友分享同一優良的品種。」

施予的手，便是收成的手。

當你接觸的人愈多，就會發現那些層次愈高、愈成功的人都來自相互提攜，互為貴人，彼此成就。讓人受惠，最終回報會回到自己身上，甚至加倍奉還。

保持這樣待人處事的原則，人生就會開始轉好。

有多少人因為你的存在而變得更好

我們很容易專注在自己的小小世界裡，只想到自己。

「這對我有什麼好處？」

「我可以獲得什麼？」

待人處事都只考量自己的利害得失。

如果我們轉變心態：

「我能為別人做什麼？」

「我能貢獻什麼？」

格局立刻放大，心胸豁達開朗。

愛因斯坦認為：「一個人的價值，應當看他貢獻什麼，而不是看他取得什麼。」

重點不是你擁有什麼，而是你給予什麼；不是你多有成就，而是你的價值，有多少人因為你的存在而變得更好。

學習成為關照他人的亮光，而不是燃燒殆盡就沒了的蠟燭。當你照亮別人，也照亮了自己；你給別人機會，也是給自己創造機會；給別人舞台，自己的世界更寬廣；當你幫別人成功，你將擁有無限可能。

你能為別人創造多少價值，你就有多少價值。

你給別人的，其實是給自己的。為別人搭橋，其實也是在為自己鋪路。

利他的本質，正是互利。共利，才能共贏。

弘一法師寫道：

「希望別人好，別人未必好，但你肯定好，因為你內心美好；
見不得別人好，別人未必不好，但你肯定不好，因為你內心沒有美好。」

你對人擺臭臉，別人也不會給你好臉色；
打擊別人，對方也會反擊你。
你給出去的，都會回到自己身上。
去幫助人或做善事，不僅能夠給他人帶來好處，
自己也能夠從中獲得滿足感。
分享喜悅，散播快樂，你也會成為喜悅快樂的人。

PART 3

人生有尺，做人有度

你會被不公平對待，是因為你容許別人這樣對待你。
你覺得對方無視你、忽略你，是因為你不重視自己。
如果你都不尊重自己的感受，別人也不會。
你氣別人虧欠了你，其實你是氣自己。
你不善待自己卻奢望別人善待你？
也許該反省的人是自己。

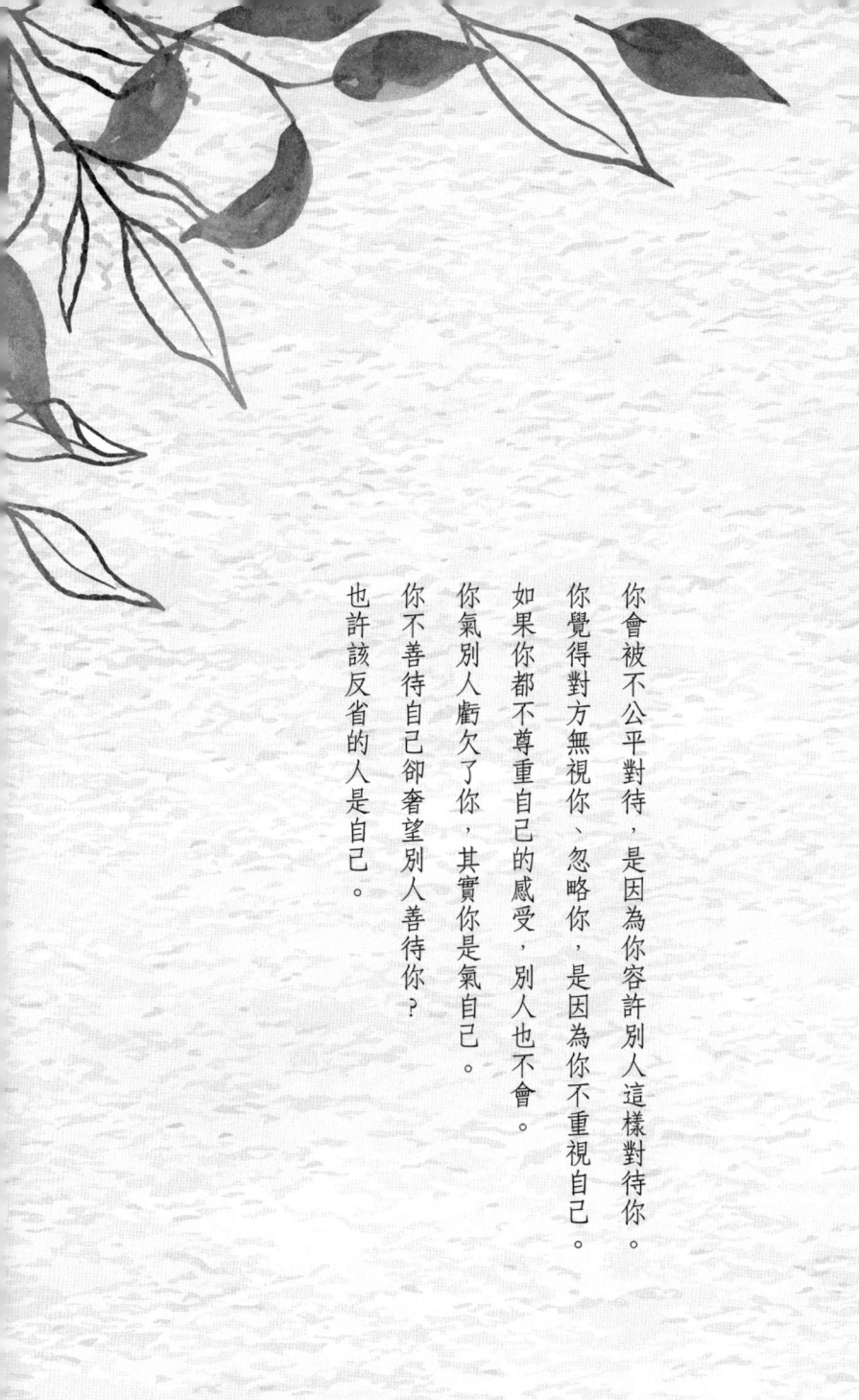

不怕事多，只怕多事

天下本無事，管多了，便成了事

事多，自己的事一項一項解決，可磨練心智，提升能力。

多事，本來沒有事卻多管閒事，常自找麻煩，開啟禍端。

做好人沒有錯，錯就錯在不瞭解別人需求，或違背了別人的意願，讓人困擾。做好事沒錯，錯就錯在把自己的價值和喜好強加在別人身上，甚至下指導棋，徒惹人厭。

「我是為你好」、「我是關心你」，這種「自以為是的善意」，不經人同意就擅自插手別人的事，實際上已經「干擾」了他人的生活。不管出發點是什麼，就是不尊重對方的表現。就算出於善意，也是多管閒事。

回想一下，你是否曾經有過好心幫助他人，卻讓自己感覺不舒服的經驗？是否曾在幫助他人後，感到受挫或無力？是否覺得對方不知好歹，不識好心人？

「你對他人掏心掏肺，何以對方不理不睬？」「為何好心幫人，對方不領情，或是被對方怪罪？」在埋怨別人之前，請靜下來想想：「你以為是為對方好，對方有要你這樣做嗎？你怎知自己的做法對對方是真正的好？」

你的付出是對方想要的才有意義

有一個老師在課堂上教學生要「日行一善」。

過了幾天，他想知道他們有沒有去做，於是他問了第一個學生說：「你做了什麼？講出來給班上的同學聽聽。」

學生說：「老師，我幫助一個老太太過馬路。」

老師聽了直稱讚：「很好，幫助老人是值得嘉獎的行為。」

然後他又問了另一名學生，學生說：「我也幫助了一個老太太過馬路。」

老師覺得有點疑惑。

第三個學生說的也一樣，這時老師更加納悶了：「這似乎也太巧了吧？你們三個怎麼都剛好去幫助老太太呢？」

學生說：「不是啦！並不是三個老太太，而是只有一個。」

「但，」老師說，「這需要用到三個人嗎？」

學生回答：「沒錯，因為她一直站在路口，所以我們三個人努力拉著她，才幫她過了馬路，只是後來不知怎麼的，老太太變得很生氣！」

熱心助人是好事，但對象錯誤，愈熱心，愈是錯的厲害。

「行有不得，反求諸己。」我們對他人好的時候也要問自己，自己的好意是一廂情願，還是對方真的有需求，若得不到預期的效果，或是對方不領情，就該檢討反省。

「關心」過度，反而更讓人反感

接受對方有「拒絕」的權利，因為你給的未必是對方真正想要的；你認為好的，對方不一定適合。對方應不應該、需不需要、適不適合，都不是你說了算。

回顧過去，我也有這種壞毛病，只要認為某些事對別人有益，常不由自主地給人建議、出主意；對看不慣的事情，忍不住給忠告，結果常落得吃力不討好。

孟子說：「人之患，在好為人師。」喜歡教育別人，指導別人，會有高人一等的優越感。同時也意味著，自己似乎懂得比較多、經驗比較豐富、方法比較高明、想得比較週全。相形之下，對方就顯得短視無知。

多數人並不喜歡這種感覺，所以當我們開始說教，對方很容易產生防衛、抗拒心理。我們的建議在對方聽來如同批評、譴責；給的忠告在別人眼裡會感覺我們很自以為是。一個不小心，還會惹事生非。何苦呢？

克制自己的「雞婆」或「多事」，就算是為了對方好也一樣，因為這是他的人生。

遵守以下幾個原則：

一，對方沒開口，就少開口。

別人沒有問，不隨意指點；別人沒主動求助，不隨便插手，就算有再高明的見解或對策也是。

二，沒搞懂之前，不給建議。

別人的私事，你只是外人，別人的感情，你只是第三者。很多事情你並不了解，管住嘴，會少很多無謂的糾葛。

三，想管別人，先管好自己。

自己的事沒管好，卻干預別人的事，就是好管閒事。何況別人也未必喜歡被你管。

無所求，好自在

別人會爬到你頭上，是因為你趴在地上

記得頭一次獲邀報社舉辦的座談會，當我拿到主辦單位的來賓名單時，覺得很興奮，接著又感到莫名焦慮。因為，其中有個人是我年少時的偶像。

當我們終於碰面時，我在他面前顯得十分笨拙。每一次輪到我發表意見，我就緊張地結巴。那次經驗讓我覺得很挫敗。

我之所以表現失常，並不是他帶給我的，實際上他還是一樣機智風趣，是我過分尋求對方的認可，是我的崇拜心態造成這樣的結果。

「除非你同意，沒有人能左右你的情緒；除非你許可，沒有人能讓你感到自卑；除非你允許，也沒有人能讓你妄自菲薄。」前美國第一夫人愛蓮娜・羅斯福的這段話，無疑是對我的當頭棒喝。

愈是盲目順從，愈得到漠然輕視

當你和某人在一起的時候，去了解自己心中在想什麼是很重要的。為什麼你在某些人面前會感到卑微？會焦慮不安？會覺得矮人一截？

想想，是不是你先矮化自己？你想從他們身上得到某些東西？你想給對方留下好印象，或是想得到某些好處？

看過很棒的一段話：「我不高攀有錢人，因為我花不到他的錢；我不看低窮人，因為他不靠我生存；我不巴結權勢之人，因為他不會白給你幫忙；我更不奉承得意的小人，因為他入不了我的眼。」

我們要學會不卑不亢，無論在誰面前，只要你不欠他人，就沒必要唯唯諾諾；只要你不諂媚討好，就無需卑躬屈膝；只要問心無愧，就應該昂首挺胸，活出自己的尊嚴和價值。

相反，你愈是卑微討好，會讓對方更加看不上你。愈是盲目順從，愈得到漠然輕視。

當你不渴求別人認可喜愛，你就自由自在

大人物之所以高高在上，是因為我們低身下跪。別人會爬到你頭上，是因為你趴在地上。

與其浪費時間去高攀奉承，不如將更多時間花在強大自己。當你沒有價值，是你求別人；你有價值，是別人求你。只有當你變好，才會遇到更好的；當你夠優秀，人脈就會左右逢源。

與其維繫不對等的關係，不如好好經營自己的生活。不屬於我們的東西，不強求；不屬於我們的感情，不強留。跟誰在一起舒服，就和誰在一起；真心不被重視，該離開就離開。

古云：「事能知足心常樂，人到無求品自高。」如果有一天，你不怕孤單，你才能寧缺勿濫；你沒有任何私心，心胸自然坦蕩；當你不求名聲和財利的時候，人品自然清高；當你不渴求別人認可喜愛，你就能歡喜自在。

你有那麼多的欲望，想要這個，想要那個，

如果欲求不消失，你怎麼可能滿足？如果沒有滿足，怎麼可能快樂？

試著了解你欲求的是什麼，你的痛苦又是什麼？你會發現答案。

因為問題不在如何脫離痛苦，而是在如何放下欲望。

如果你的欲望讓你受苦，你要做的，應該是放下，

而不是設法滿足它們，不是嗎？

有求必有苦，無求便自在。

當個好人，不是好欺負的人

不要高估人性的善，也不要低估人性的惡

長久以來總有人弄不明白，「為何誠心相待，卻被不公平對待？」「為何一再退讓，對方反而氣勢更高？」「為什麼竭盡心力，還遭人嫌棄？」「為什麼我的付出總是被視為理所當然？」其實是這些問題的背後，有些更深層的東西，你還沒搞清楚。

一個人會不會被珍惜，並不是看你對誰多好。恰恰相反，脾氣太好的人常常受氣，太好說話總是委屈，對人太好容易被辜負。

不用奇怪，這就是人性。

你會被不公平對待，是因為你容許別人這樣對待你。你覺得對方無視你、忽略你，是因為你不重視自己。如果你都不尊重自己的感受，別人也不會。你氣別人虧欠了你，其實你是氣自己。你不善待自己，卻奢望別人善待你？也許該反省的人是自己。

好人有好報，但老好人沒有

對人好是善良，是友好，但絕不是討好。好相處，不是什麼都配合；配合別人，不等於委屈自己。一旦過了頭，感情就會變質。任何需要你費心思去討好的關係都很難維持。

人再好，還是要有底線，一味的遷就和順從，只會不斷被挑戰底線；凡事有求必應，一要就給，就不得不接受很多不喜歡的人和事；每每妥協退讓，別人愈不拿你當回事，最後換來的是別人毫無顧忌。人性的醜陋之處就在於此。

「不要高估人性的善，也不要低估人性的惡。」好人有好報，但老好人沒有，有的只是被欺負。因為老實人欺負起來沒有成本，副作用低。心軟最容易被辜負，因為好騙又沒原則；老是覺得別人可憐，結果自己最可憐。

過度善良，那你的善良就會變得很廉價。人習慣了得到，便忘記了感恩，你做再多都是不夠的。你幫了他十次，他覺得理所當然，只要有一次你不幫忙，就會像「你對不起他似的」，不會感激你的付出，但一定痛恨你的拒絕。

善良給錯了人，一文不值

金庸在《書劍恩仇錄》裡寫道：「江湖上人心險惡，對待朋友，當然處處以仁義為先。但對付小人，你要是心軟待他，那就吃虧上當了。」

你的善良很珍貴，只能給那些值得你給的人。一種是對你好的人，一種是懂得你好的人。

對一些不尊重、不珍惜你，或是不知感恩的人，收回你的付出，善良給錯了人一文不值。不要擔心會失去誰，該問的是誰會害怕失去你？你會失去的，只是錯誤的關係。

善良有尺，忍讓有度。我是好脾氣，不是沒脾氣；我可以寬容，但不會縱容；我選擇讓步，但不是沒有界線。這就是尺度。

沒有意願就拒絕，不喜歡的事就明講。我不同意、不配合，不代表與人不合，而是代表我有自己的底線，有自己的原則，有自己的堅持，還有自己的個性……這就是自尊。自我尊重的人，才會得到所有人的尊重。

學會認清現實，不是變得愈來愈現實。當個好人，不是讓人覺得好欺負的人。

不必一直想「他為什麼要這樣對我？」「為什麼他老針對我？」……。

這些事情並不是偶然發生。別人會怎麼對待你，都取決於你。

若覺得自己珍貴，就不要表現得卑微，

若覺得自己卑賤，別人也會看輕你。

若你處處迎合，別人也會予取予求，吃定你。

下次怪別人前，只要觀察自己與別人互動模式，就會找出原因。

你將自己擺在什麼位置上，別人就會將你放在什麼位置上。

層次愈高愈低調，不炫耀

低調不是示弱，不露聲色表現自己

只要多留意，就會發現，那些愈是沒本事的人，愈喜歡說大話；愈是無知的人，愈認為自己無所不知；沒錢的人喜歡裝闊，打腫臉充胖子；高調的人，通常沒見過世面，取得了一點成績就沾沾自喜，到處宣揚，恨不得讓全世界都知道。

喜歡向他人炫耀，多半來自於不自信，或是不曾擁有。內在愈空洞，愈喜歡透過外物來彰顯自己，如炫耀自己的身份、學歷、經濟能力，或是炫耀入住高級飯店、吃昂貴料理，入手精品……。不管在社交圈展示什麼，愈是炫耀，內心就愈缺乏什麼。

真正有本事的人，反而低調；有錢的人，不愛顯露；有能力的人，虛懷若谷；優秀的人，謙遜沉默；愈是厲害的人，愈收斂鋒芒。一方面，是因為他們見多識廣，知道人外有人，天外有天；另一方面，是因為他們內心沒有自卑感，不需要通過向別人炫耀來獲得讚許，滿足虛榮和存在感。

低調，是自我保護，也是為人處世的智慧

奧修談《莊子》空船，有一則故事：

有一次，亨利．福特（Henry Ford）去英國，他在機場的詢問台詢問最便宜的旅館，職員看著他說：「如果我沒弄錯，你是亨利．福特先生，你在詢問最便宜的旅館，並穿著一件老外套。我也看過你兒子來這裡，他總是詢問

最好的旅館，而且他所穿的衣服也都是最好的。」

亨利．福特說：「我兒子是炫耀，他的行為是為了展示；而我並不需要，不論我住在哪裡，我都是亨利．福特，即使住在最便宜的旅館，我還是亨利．福特，這並不會有任何差別。我也不需要用衣服來代表什麼，不論我穿什麼衣服，即使我光著身子站出來，我還是亨利．福特。」

一個層次高的人，低調的活在自己的生活裡，低調做人做事，低調的努力和付出，低調完成大事，「低調不是示弱，是不動聲色地表現自己」。

如果你是太陽，你需要說服別人你是光亮的嗎？不證自明。反倒是那些愛招搖的人，如果自己足夠優秀，何必向他人展示自己的優越感？

李嘉誠曾給自己的兒子一條訓詞：「樹大招風，低調做人。」低調雖然顯得平凡，卻是一種自我保護，也是一種為人處世的智慧。

「木秀於林，風必摧之」，一個人太過突出，會讓周遭的人感受到壓力和不安，為自己樹敵，招來禍事，這不是危言聳聽，而是人性殘酷的現實。

人開始炫耀，即是災難的開始

做人低調，有四件事一定要特別注意。

不炫耀生活

人都見不得別人好，只是表面上不說而已。如果你的快樂分享錯了，就成了炫耀，會遭人嫉妒和反感，甚至想盡辦法不讓你好過。

不炫耀能力

誇大自己能力，做起事來卻漏洞百出，反而引人輕視。真正有能力的人，會用成績說話，用實力讓人信服，用具體的行動來證明自己。

不炫耀人脈

有人脈關係，不要到處宣揚，否則既是給對方製造麻煩，同時消耗自己的人脈，不幫忙又得罪人，無論怎麼做，對你來說都不是好事。

不炫耀資產

透露資產就是漏了底，很多關係會因此生變。你請客變成應該的，幫人不夠會被嫌，給太少就是吝嗇，不幫是為富不仁。輕者找你借錢或投資，重者招人覬覦，帶來身家性命的危險。

人開始炫耀，即是災難的開始。世事無常，低調才是最深藏不露的高手。

怎麼區別「分享」還是「炫耀」？取決於心態。

分享是為對方，是把歡喜心情分給對方，想讓對方也開心。

炫耀是為自己，是告訴別人我很棒，我很幸福，我很開心。

分享，是在別人需要的時候，讓別人感受歡喜開心。

反之，就不是分享，而是炫耀。

愈沒本事，脾氣愈大

有情緒是本能，能控制不發脾氣是本事

為什麼混得愈差的人，脾氣就愈差？

只要留意一下，剛有一番成就，你是否較寬容大度？當諸事不順的時候，是否容易被激惱、惹怒？

有句話說的好：「上等人有本事沒脾氣，中等人有本事有脾氣，下等人沒本事大脾氣。」

這並不是說沒脾氣的人本事就大，而是本事大的人通常不會亂發脾氣。

他們明白，當遭遇挑戰與困難時，要冷靜從容。憤怒不能解決問題，反而讓事情變得更糟。

而一個沒有本事的人，害怕暴露和承認自己的無能，常通過抱怨和指責來發洩情緒，遷怒於人，導致自己的脾氣愈來愈大，內心愈來愈敏感，也會更加的暴躁。

強者解決問題，弱者遷怒於人

人要強大，不是強勢。強大是自信心強，強勢是自尊心強。

真正強大的人懂得自我控制，無論陷入什麼樣的狀態，都能自我調整，不會感情用事，能隨時保持內心的平靜與穩定。

而強勢的人則控制欲強，想讓別人覺得自己看起來很強，總是虛張聲勢，在衝突中希望用氣勢占上風，情緒容易失控。

愈想要處處強過人、爭贏別人，內心往往缺乏自信和安全感，怕別人瞧不起，盛氣凌人，得罪的人就愈多，未來的路就愈不好走。真正的強者善於示弱，不去計較表面的輸贏，進退自如，從而贏得了他人的尊重和信任，廣結人緣。

所謂「自勝者強」，真正的強者，不在於贏過別人，而在於戰勝自己。

人們總是把和自己作對、打擊、傷害的人，當作敵人。但我們的內在敵人，是自己的性格、情緒、脾氣，從早到晚、從生到死都在影響、控制、擾亂我們，我們要注意，這種「無法自控」才是真正的敵人。

人生就是一個不斷自我成長蛻變的過程，每個人都會遇到艱難的時光，工作的無力，學業的壓力，感情的失意，生活的不如意，而最大的區別在於：情緒管理。

你有本事解決遇到的問題，又何必發脾氣？

古時候，有一個人只要生氣就跑回家，繞著自己的房子和旁邊的一小塊地跑三圈。

後來他房子愈來愈大，地愈來愈多，每當他生氣，他還是繞著房子和土地跑，老了依然這樣。

他的孫子問：「爺爺，你為什麼一生氣就繞房子、土地跑啊？」

老人說：「年輕時我一和人吵架爭論，我就繞房子土地跑三圈，我在想，自己房子這麼小，又沒有很多土地，哪有時間和精力與別人生氣？一想，氣就消了，我就有更多時間去努力工作和學習。」

孫子又問：「爺爺，成了富人後，你為何還要繞房子、土地跑呢？」

爺爺說：「我現在富有了，邊跑會想，房子這麼大，土地這麼多，更沒必要與人計較。一想到這裡，氣也消了。」

有道是：「脾氣人人有，發脾氣是本能，把脾氣壓下去才是本事。」

沒錯，如果你有本事解決遇到的問題，又何必發脾氣呢？

當你年薪千萬，有人開豪車經過你的面前，你不會覺得別人在挑釁。

當你身高一百八十公分，有人說你矮小，你不會生氣，甚至覺得可笑。

生活靠的不是脾氣，而是你的實力。

別去搭理那些說三道四的人，因為愈愛詆毀別人，愈是沒本事；

不要別人說你兩句就抓狂，當你實力夠強，根本不用當一回事。

「本事愈大愈沒有脾氣，脾氣愈大愈沒本事。」

每當你要發脾氣時，在心裡默念這句話，氣就會消去。

PART 4

心態對了，事情就對

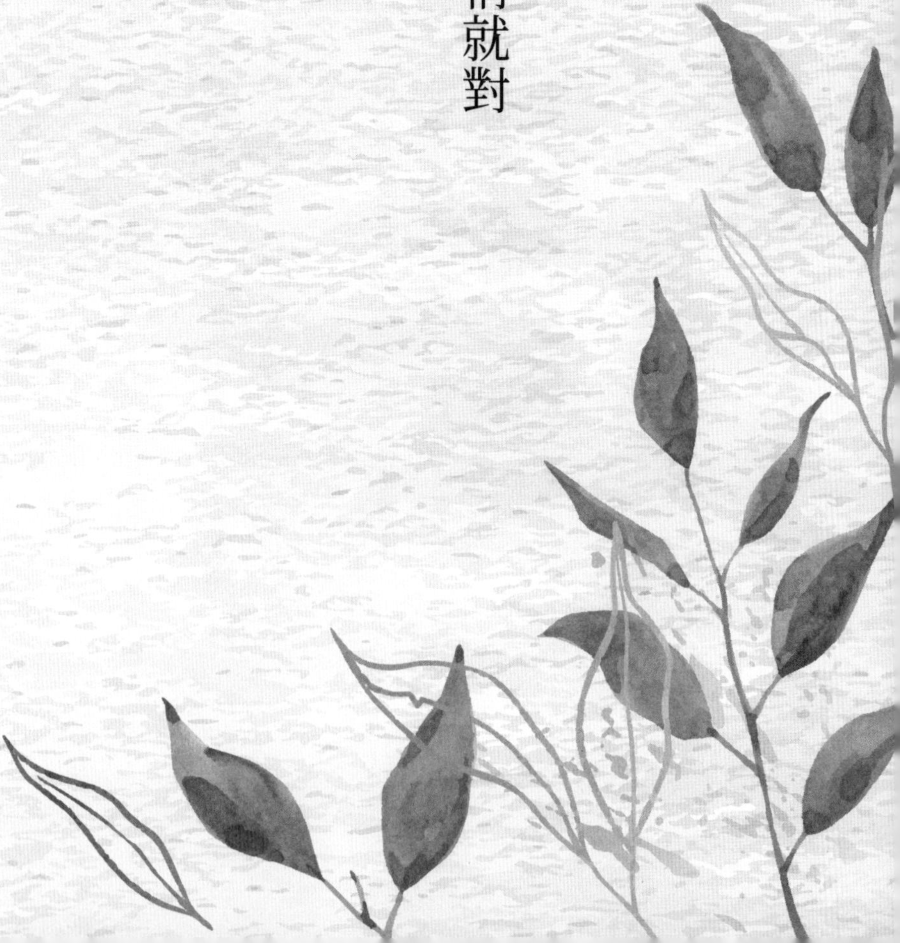

你覺得生命是苦的，就會發現生命有千百個苦；
你覺得世界是黑暗的，就只會看到黑暗的一面。
用積極樂觀解釋事件時，你會變得更豁達開朗。
如果你能把苦難當作恩典，便擁有再度出發的勇氣；
把逆境當祝福，定會得到上天的祝福。

喜歡自己做的事

學會做不喜歡的事，你將更喜歡你所做的每一件事

今天你主動請客吃飯，你會覺得開心；如果是被迫買單，花同樣的錢卻不高興。為什麼？因為不是出於自己意願就不會快樂。

你學過才藝就了解，如果是自己想學，會興致勃勃；若是父母的要求，則意興闌珊，提不起勁。如果你喜歡游泳，就算泳技不好，也能樂在其中；若不喜歡，那麼從要換泳裝、泳池的水太冰，到游完後還要吹頭髮，一定苦多於樂。

「要追求自己的熱情所在」、「去做自己喜歡做的事」，每當我這麼說，都會有人反應：「任務都是被分派的，怎麼可能只做喜歡的事……。」

現實生活中，我們也常會遇到「不想做但必須做」的事情。比如不得不做的工作，不得不見的人，不得不做的家務……。面對這些讓人厭煩，不喜歡的事情，怎麼辦？

愈做愈好，就愈喜歡自己所做的事

以下提供三個建議。

一、不要給自己「痛苦」的暗示

當你說做一件事「不得不做」，就會糾結如何擺脱這樣的痛苦，當下就轉變成壓力和負擔。

勉為其難去做的事，內心會產生排斥；會覺得很無聊、很枯燥乏味，成效不會好，肯定不會有什麼成就感。

二、為你做的事賦予意義

做每一件重要的事之前，都應該賦予其重要的意義，而不是被動完成。

一個清潔工認為自己只是打掃垃圾，每天就必須面對沉悶的工作，直到下班。如果他認為自己是在做環保、做善事，為大家提供乾淨舒適的環境，意義瞬間變得不同，滿足感自動提升。

再比如，你很不喜歡手頭的工作，但如果你將這份工作的意義，設定為將會得到「優渥的利潤、爭取新案子的機會、有助於未來的升遷」，你便找到讓自己前進的動力，甚至主動加班。

三、試著喜歡自己做的事

喜歡讀書、爬山的人，靠的不是刻骨耐勞，而是享受的心態，所以樂此不疲。

我們無法選擇事情，但可以選擇做事的心態。在我的觀察當中，許多對於自己工作感到滿足、有成就的人，並非從事自己「喜歡」的工作，而是懂得調整心態。大腦是有可塑性的，克服自己對自身的限制，感受到自己的進步，會愈做愈好，就愈喜歡自己所做的事。

如果你不喜歡你做的事，你不會帶著熱情

想想你認識的人當中，那些成功快樂的人，他們的態度都是充滿意義、熱情與期待。他們可能來自不同行業，在不同的生涯發展階段，但他們有一共通點：熱愛自己做的事。

賈伯斯說：「做偉大工作唯一的方式，是熱愛你做的事。」對你所做的

事投入熱情，才能感受到熱情，動力才會源源不絕，才做得長久，同時獲得快樂與成功。

現代社會都太過強調「做自己喜歡的事」，許多明明自己喜歡的事，成了職業後也可能變乏味；當興趣變工作，也可能變無趣。所以，「喜歡自己做的事」才是重點。

沒錯，「學會做好不喜歡的事情，你將會更喜歡你所做的每一件事。」

人們總認為工作辛苦，所以很累，
其實是「不得不做」，才覺得辛苦，覺得累。
工作和學習的本質是辛苦的，但那也是快樂的來源。
當你能承擔愈多、給自己愈高的標準，就愈有成就和滿足感。
無論做任何事，出於勉強而做，必定帶來怨言。
凡事為自己快樂而做，即使疲憊也會感到歡喜，雖累不苦。

錯誤不可怕，可怕是錯誤的心態

認錯不會貶損一個人的價值，反而會提升別人的評價

每個人都會犯錯，老師有時出糗、專家有時出錯、辯士有時說錯話、聰明人有時也會做糊塗事。犯錯是必然，難的是認錯改過。無論多少的證據在眼前，有些人就是死不認錯，找一大堆理由掩飾，或把錯誤推到別人身上。

為什麼不願意認錯？認錯是一種自我否定，自我貶低；為了顧全自己的自尊、面子，我們很難拉下臉承認錯誤。但是也正因如此，更顯得坦承認錯的可貴。

作家班傑明・迪斯雷利早在一百年多年前就說過：「世界上最難做到的一件事，便是承認自己錯了。」他接著又說：「要解決一個問題，除了坦承錯誤，沒有更好的方法。」

試想，如果一個壞脾氣的人不承認自己有情緒上的問題，你認為他轉變的機會有多高？一個愛拖延的人否認自己有拖延的問題，你認為他改變的機率有多少？

不願承認問題，改善便無從開始。

認錯，是加分不是扣分

那我們該如何面對及承認自己的錯誤呢？

首要前提是你有意願要改變，想要改變的比以前更好。

賈伯斯說過一段話：「我特別喜歡和聰明人交往，因為不用考慮他們的尊嚴。」

採訪者問：「聰明人沒有尊嚴嗎？」

賈伯斯補充說：「不，聰明人更關注自己的成長，時刻保持開放的心態，而不是捍衛『面子』，不是想方設法證明『我沒錯』。」

犯錯不代表自己愚蠢、很糟糕，是一個壞人。你摔破一顆蛋，不表示你是「壞蛋」。

認錯，也不是認輸，更不是懦弱、失敗者。相反地，認錯表示自己是有勇氣、有擔當、肯負責的人。

認錯也是一種尊重他人的表現。當我們犯錯傷害到他人時，若能夠主動認錯，不僅能讓關係得到修補，還能得到他人尊重。

害怕犯錯，最終只會錯過人生

犯錯不是問題，有問題的是用「錯誤的態度」應對。人們會原諒錯誤，因為錯誤往往來自無知，但人們不會輕易原諒不認錯的人，因為這種錯誤出自於人品問題。

走錯路不可怕，最可怕的是走錯路了還持續前進。最嚴重的錯誤，莫過於不覺得自己有任何錯誤。

犯錯不可怕，可怕的是逃避的心態。我們都是透過不斷犯錯與失敗，才學會現在會的東西，不是嗎？

我們無法通過害怕錯誤來防止自己犯錯，但是可以從錯誤中吸取教訓，從失敗中學習。接受每個人都會犯錯的事實，不要過度苛責，即使錯了，也不必懊惱。沒有錯誤就沒有進步，少做少錯或從不犯錯的人，最終只會錯過人生。

一個人之所以能夠不斷地進步，是因為能夠不斷地自我反省。

反省過程就是學習過程，反省是一個人變好的開始。

要如何進行反省？常檢討反思：

自己做錯了什麼？

本來能不能避免？

能從這次經驗學到什麼？

下次應該有什麼不同做法？

當你知錯，就已經做對一半了。當你改過，就又做對另外一半。

爾後，當你回憶過往，你會感謝這些挫敗讓你脫胎換骨，

感謝這些錯誤讓你成為更好的人。

折磨你的，是錯誤的期望

期待太高，是毀掉一切美好的開始

兩個人趕車，一個遲到三分鐘，一個遲到半小時。遲到三分鐘的很懊惱，遲到半小時的，反而沒那麼生氣。這是期待值不同的緣故。

當你滿心期待收到想要的禮物，期待表現能得到讚賞，期待付出能得到回饋，期待獲得加薪或升職，期待能改變某人。如果沒有呢？必定失望、不滿、沮喪，甚至憤憤不平，對嗎？

以上種種情緒並不是因為有壞事發生，只是結果不如預期。你有這樣的經歷嗎？旅行時，到達著名景點，卻發現與想像中落差很大，心情頓時失落，還破壞了旅行的好心情。其實，真正破壞心情的並不是景色，而是心存幻想的期待。

保持好心情，就從「降低期待」開始

不是所有花開都有結果，不是努力都會被看見，不是堅持就能讓你成功，不是你對他好他就會對你好，不是所有等待都能換來值得……很多時候，折磨你的，讓你身心俱疲的不是生活壓力、事情不順利，也不是關係難搞，而是自己懷著錯誤的期望。

有個女孩剛嫁到先生家時，原本大家相處還不錯，婆家因為她是新人，所以對她呵護備至。幾個月後，大家覺得她已經熟悉環境，就沒再花那麼多心力關心她，可是她卻開始懷疑大家是不是故意冷落她，從此對婆家的態度也變得冷淡，導致和婆家相處間有許多心結。

她沒想過，是自己的期望在讓她不開心，是期待回報的心讓自己受傷。

當你對一個人做愈多，往往怨愈多、傷愈深，所有付出到頭來都成了不甘心。解決之道，就從「降低期待」開始。

快樂，是放下你期待帶給你快樂的東西

人生，不是要你不去期待，而是放下你對期待的執著。

不過度期待他人，也不高估任何一段關係。我們必須明白，那些期望是我們的，不是他們的，別把希望寄託在別人身上。遇到合得來的人是幸運，沒遇到也是常態，因為誰都不可能完全符合我們的心意。

享受你現在的生活，不用等到達成某個目標，完成某個計劃，賺到更多錢，買到房子、車子，擁有更好的工作、身材、伴侶……。快樂，是放下你

期待會帶來快樂的東西。

不要期待每趟旅程都晴空萬里，也別期待樹林沒枯枝落葉。試著欣賞沿途的景致，感受微風吹拂、樹林的味道、聽聽蟲鳴鳥叫。學會放下期待，快樂就會自己找上門。

年終獎金發二個月很開心，還是很失望？

你若滿意，便是開心；若期待更多，便會失望。

你不快樂，是因為「期待太高」，才把美好變成痛苦。

你愈能覺察自己的期待，就愈能發現問題所在。

放下期待，你會發現，你不會失去什麼。

唯一會失去的東西，就是痛苦而已。

空轉不如自轉

比離開更痛苦的，就是離不開

在一個觀光景點的碼頭邊，有許多海鳥聚集，牠們飛翔在藍天白雲間時，姿態優美，映在海水上的身影，引人遐思。牠們也是遊客的寵兒，遊客們常在口袋裡裝滿乾果、爆米花等，或在碼頭上的小舖買一包鳥食，餵給牠們吃。

當遊客餵食的時候，海鳥不再安詳，而是彼此爭食，互啄對方。體型大的鳥常惡行惡狀地欺負小鳥，攔阻牠們分一杯羹，有時牠們好不容易叼到一點食物，又被搶走。其實，整個海洋無邊無際，海闊天空，何必為了一些吃食把自己限縮在碼頭呢？

比離開更痛苦的，就是離不開。想放棄卻又捨不得，想繼續又覺得沒有意義；明知看不到希望，卻始終沒有勇氣走出去。結果，我們一直耗在厭惡的工作，待在不喜歡的地方，守著得不到回應的愛，糾纏在要斷不斷的關係，陷在痛苦的情境裡反覆折磨著。

你並不是沒出路，而是原地踏步

在《易經》裡，有這麼一句話：「所有人類的苦難，都產生於對前一種存在狀態的依戀。」已知的一切或許並不愉快，但起碼是熟悉的，起碼習慣了，然而未來呢？誰知道啊！說不定更糟，還是保持現狀好了。

舒適圈也是禁錮自己的牢籠。當一個人在圈內待久了，漸漸喪失了熱情，錯失成長的機會，同時心理調適能力都鈍化了，容易對變局不知所措。不敢冒險，反而是最大的風險。

「為什麼我一定要走出去？」很多膽怯的人會問。

「走不出去，眼前就是你的世界。」

每當我這麼說，就有人問：「萬一出去更糟，怎麼辦？」「你確定可行嗎？」

「不，我不能保證。」

「既然如此，為什麼要冒這個險？」

「你應該反過來問，為什麼不？」

未知充滿不確定，也代表著無限可能。我不知道你的生活需要什麼改變，但我知道任何變化都會帶來不安，即使好的改變亦然。人生會走向新局或空耗，關鍵就在此時，人生的豐富精彩也在此。

那束縛局限住自己的，通常就是自己

生活中的許多不可能，並不是我們不能做到，而是我們不相信、不自信、不行動。真正把我們束縛局限住的，是我們認為自己無能為力的想法。我們並非無路可走，而是害怕走出去。

當一個人將自己視為一條蟲，那麼，這個人除了會扭曲蠕動之外，還會做什麼呢？一條蟲想跨越大河，就必須相信自己，並努力讓自己成一隻蝴蝶。

你本來就是自由的。事實上，你是完全自由的，並沒有任何枷鎖把你綑綁住，是你自己緊抓著枷鎖不放，這才是問題所在。放下束縛，放棄熟悉的牢籠，走出去，然後整個天空就都是你的。

勇氣不是毫無畏懼，而是能夠認清比恐懼更重要的事。

有哪些事如果做了，很可能為你帶來自信、自尊、自由，

或是更好的關係、更多的機會，更大的成就、更美好的生活？

問問自己：如果你不害怕的話，你會怎麼做呢？

想一千次，不如勇敢做一次。

一個人的人生隨著勇氣的大小而擴張或縮小。

跨出去，你就突破了。

相反，如果你退縮，就一直被禁錮，這才是最可怕的。

心態好，一切都向好的方向轉變

當你改變心態，看待事物的角度就會改變

一名男子花光了所有積蓄為家人蓋了一棟房子。好不容易，房子終於建好了，他們選了一個搬家的吉日，準備搬入新家。

就在搬家的前兩天，發生了一場地震，新房子不幸倒塌了。

當男子得知這個消息後，他去市場買了些糖果，隨後就去他的新家。男子到達後，發現很多人都聚集在他倒塌的房子前。

這群人看到男子後，紛紛對他表示安慰，男子卻拿出糖果，熱情的分發

給在場的每一個人，大家看到這一幕都感到驚訝。

男子的一位朋友見狀說：「你瘋了嗎？你新建的房子倒塌了，你一生的積蓄付諸流水了，而你卻在這裡高興的分糖果。」

男子說：「你只看到了這件事不好的一面，因此，你無法看到好的一面。房子今天倒塌，對我來說已經是萬幸了，如果這件事發生在二天後，我們全家都搬進來時才倒塌的話，我、我的妻子，我的孩子，可能都沒命了，那損失又會是多大呢？」

比事實具有更大影響力的，是自己的心態

任何事情都有兩面性，有好的一面，就有壞的一面，反過來也是如此。關鍵是我們以什麼樣的眼光、心態，以及什麼樣的視角去解讀。

同樣是檢查確診，有人抱怨自己倒楣，有人卻慶幸提早發現，能即早治

療。前者散發哀怨，後者樂觀積極。

同樣被主管責罵，有人認為自己晉升無望，有人卻認為主管對他寄予厚望。前者自暴自棄，後者發憤圖強。

同樣是失業，有人覺得自己毫無價值，有人慶幸可以借機發展新技能。前者自我懷疑，後者懷抱希望。

同樣被辜負、被背叛，有人心不甘，覺得老天不公；有人卻認為這是老天垂憐，不忍看自己繼續受騙、受委屈。前者捶胸頓足，痛不欲生；後者迷途知返，解脫放下。這是何等不同。

朋友說：「兒子上大學，買了一輛機車給他，隔沒幾天，同學找他去夜衝，過彎車輪打滑，把一輛新車摔得面目全非，還好人只受點皮肉傷！」

他覺得慶幸：「兒子受此教訓，雖然損失一輛機車，卻因此學會珍惜生命，也算因禍得福。」

把逆境當祝福，定會得到上天的祝福

在面對不快時，心境永遠決定你的處境。

如果你覺得生命是苦的，你就會發現生命有千百個苦；你覺得世界是黑暗的，就只會看到黑暗的一面。如果你習慣找人抱怨和訴苦，「我好倒霉」、「老天對我不公平」，你就會持續陷在這樣的情況；你用消極悲觀的心態去面對，那麼你的日子便頹廢沮喪、苦澀不堪。

當你改變心態，你看待的事物就會發生改變。用積極樂觀解釋事件時，你會變得更豁達開朗。如果你能把苦難當作恩典，便擁有再度出發的勇氣；把逆境當祝福，定會得到上天的祝福——上天讓你發生小災禍，是讓你避開更嚴重的禍端；讓你生病或失敗，是給你發出提醒；讓你錯過或做不成，是在保護你；讓你真心換絕情，是讓你徹底死心；沒給你想要的，是你值得更好的……。所謂的不幸，換個角度，是否值得慶幸？

王爾德說：「我們每個人都生活在陰溝裡，但依然有人在仰望星空。」

不管在什麼生活中，都有人開心，有人愁苦。

其實，外在的世界並沒有什麼不同，只是個人心態不同罷了。

心存陽光，眼裡皆是陽光；

心存美好，總能遇見美好。

自己覺得開心，幸福就無所不在。

這個世界沒變，是你慢慢地變好；

心態好，一切都向好的方向轉變。

PART 5

學會放下，活在當下

我們總以為來日方長，卻忘了人生無常，

活一天少一天，見一面少一面。

珍惜每一個因緣，每一次相聚，

別浪費在那些傷害自己、傷害別人的事情上，

也許一場意外，還沒來得及說再見就不復相見。

人生除了生死，都是小事

若遇到大煩惱，原先的小煩惱根本就不算什麼

在我們的生活中，每個人都有自己的煩惱，都有各自的苦。有人為情所困，牽腸掛肚；有人為名為利，心陷囹圄；有人因挫折打擊，懷憂喪志；有人工作不如預期，人際關係不順心；有人只是路上被超車，伴侶忘了答應的事，服務生態度差，手機、電視收不到訊號，就氣急敗壞……。其實，細想一下，比起生死，這些事都微不足道。

九一一恐怖攻擊事件之後，在加州擔任身心精神科的朋友告訴我，幾個

月接受諮商門診的人數明顯少了很多。因為和那些死去的人相比，自己的悲傷與煩惱又算得了什麼？

在生活中，有太多人不滿現況，厭世喪志；在醫院裡，卻有許多人身患重症殘疾，仍樂觀不放棄希望。我常想，假如雙方的處境能對調一下，結果必大不同。

看清人間的悲歡離合，很多事情就會看開

如果你覺得人生艱難，不妨去醫院看看。有人被救護車飛奔送來；有人孩子一出生就罹患罕病；有人正值青春被宣告癌症；有徘徊在加護病房外的家屬，突然被告知病情惡化，瞬間崩潰；有人在安寧病房，奄奄一息……。當你看清人間的悲歡離合，真切地體會到生命的脆弱和短暫，很多妄念就會放下，很多事情就會看開。

有位媽媽和五歲的女兒正要過馬路時，一輛卡車闖紅燈左轉，因為陽光太刺眼，駕駛沒看到她們。但這位媽媽看到卡車，而且知道她們將要被撞到。她只能緊緊抱住女兒。卡車駕駛到最後一刻才看到她們，立刻急轉彎，連續撞了幾輛停靠路旁的車子，最後在距離那對母女前方不過一公尺的地方停了下來。

她說：「事情很可能演變成另一種結果，我和女兒橫臥街頭，一命嗚呼。生命真是變化莫測。那天我跪下來感謝我們母女得以倖免，從此我對任何事情都存著感恩的心。」

一位醫院的義工告訴我：「每當情緒低落，我就會到醫院幫忙，看到一些口中插管、昏迷不醒的人，就會覺得這點挫折不算什麼。」

那些挫折打擊，不過是皮肉傷

曾有瀕死經驗的人回頭看過去，常會納悶：「以前，自己為何凡事都看得那麼嚴重？」

如果突然你生命走到盡頭，你會怎麼樣？你還會汲汲營營升遷、加薪、換車嗎？你還會掛念誰佔你便宜，誰對不起你？你會在意比賽輸了，同事排擠？你會浪費時間在與人爭鬥，生別人的氣？一旦知道自己來日不多，對於那些耿耿於懷、糾結的事都會煙消雲散。

多年前，內布拉斯加大學心臟學系主任艾利特（Rober Elliott）心臟病發作，病情嚴重，在那三個月住院期間，他仔細思考自己頻死的經歷與餘生。後來將整個心得寫下來，提出兩則生活守則：

「守則一：別為芝麻小事抓狂。」

「守則二：所有事情都是芝麻小事。」

人生大多的問題都是小事，當你把這些事與生死交關比，不過是皮肉傷罷了。莫為小事抓狂！

在這一刻，你把某件事都看得很嚴重，
如果某天自己或所愛的人重病傷殘，
你會發現這些事不重要，爭執也沒必要。
當你為小事煩惱，是因為沒發生什麼大事。
若遇到大煩惱，原先的小煩惱根本就不算什麼。
試想，一個臉部燒傷的人，會為臉上的痘斑困擾嗎？
一個煩惱頭髮少的人，得了腦瘤，還會為此煩惱嗎？

只有失去了，才會懂

你多麼幸福，當你忘記這點，就變得不幸

你會注意到自己的呼吸嗎？

除非你的呼吸出了問題，感冒、鼻塞、呼吸不順、快斷氣，否則你很少注意到自己在呼吸，對不對？

當你鼻塞，你會感覺到，但當鼻子通了，你就忘記鼻子的存在，即使鼻子就在你眼前；當鞋子太小，你會感覺到，但是當鞋子剛好，你就會忘了腳的存在；當家裡停水停電，你會感覺諸多不便，當它們一切運作正常，你並

不會覺得美好。

你可以感覺你的痛苦、悲慘和不幸，但是當一切平安順遂時，你卻感覺不到幸福。

你會因熱水器故障生氣，卻不會因每天有熱水淋浴而開心。為什麼？

因為習以為常便理所當然，除非你失去了。

直到失去了，才會知道擁有什麼

有一個農夫痛苦地向拉比（猶太教律法師）訴苦，說他已經快要被家人逼瘋了。

「拉比！」那位農夫說：「我家的房子太窄了，我的老婆、孩子、丈人一家全住在一起，整個屋子都吵吵鬧鬧，我的精神都快崩潰了。」

拉比問：「你養了多少牲畜？」

農夫說：「有一頭乳牛、兩隻山羊、一隻狗，還有幾隻雞。」

「好！」拉比建議他：「把那頭乳牛牽到屋子裡。」

農夫感到很疑惑，但還是照做了，一個禮拜後回來報告說，情形變得更糟了。

「那就把山羊、狗和那幾隻雞都帶進屋子裡，一個禮拜後再來回報。」拉比說。

大惑不解的農夫回到家，遵照拉比的指示做了。

當這農夫再回來找拉比時，他尖叫道：「我受不了了！骯髒、惡臭、吵雜、擁擠……我們所有的人都快瘋了。」

「回去吧！」拉比說：「把所有的牲畜都趕出去，過幾天後再來找我。」

幾天後農夫回來時，帶著滿面的笑容，快樂地說道：「現在家裡只剩我老婆、孩子和丈人一家人而已，房子突然變得好寬敞。感覺真好！」

大多數美好的事物，都是驀然回首才發現

在《我與地壇》中，作者講述自己的故事，他失去了雙腿，坐上了輪椅，內心充滿了憤懣不平。

初時每天鬱鬱寡歡，從悲傷到失落，懷念自己能夠盡情打籃球的時候。幾年之後生了褥瘡，又開始懷念自己能夠健康坐在輪椅上，沒有任何痛苦的時候。隔了幾年不幸罹患尿毒症，靠透析生存，又開始懷念曾經只有褥瘡的輪椅生涯。

回顧過往，作者說道，「要是沒有了殘疾，健全可能因其司空見慣而變得膩煩和乏味。」

想起一位車禍的病人，經過幾次手術和復健後，他說：原本我想要的只是能夠走路，卻辦不到。然後我想要只是能夠有知覺，還是沒辦法。最後，我放棄了。現在我想要的只是能夠自己尿尿，而你知道嗎？現在連這個也無

法實現。

古儒吉大師說：「你唯一必須記得的是，你是多麼的幸福，當你忘記此點時，你就變得不幸。」大多數美好的事物，都是驀然回首時才驚然發現。

只有失去了，才會懂。

留意日常生活中平凡事物。

例如穩定的工作、有人關心照料、有遮風避雨的房子、有水有電可用，

每天平安、身體健康等等。

如果難以體會，試著想像失去的感覺。

想像你突然失去這樣東西、能力或這個人，人生會是什麼樣子？

是否發現自己錯過了什麼？

會不會懷念、後悔？

會不會更感恩、珍惜？

百年後，都只是過眼煙雲

曾經以為過不去的事，最終都會雲淡風輕

人生很短暫，一眨眼，一天過去了，一回頭，一輩子過去了，沒有什麼是過不去的。

想想看，當你是一個小孩，有各種問題，等你長大以後，又有不同的問題。這些問題到哪裡去了？

還記得十年前發生在你身上那件事：考試落榜、父母離異、投資虧損、失戀分手、升遷無望……，當時你氣急敗壞，灰心沮喪，而今呢？是不是淡

然許多，或早已淡忘？

想像一百年後，你會怎麼看現在的情況？這些事還這麼重要嗎？

我們執著一生，最終都是歸零

百年之後，我們不是在棺材裡，就已經變成灰燼，被遺忘。我們最愛和最恨的人都不會在這個世上。我們所擁有一切，房子、車子，財產、最喜歡、最愛的這個那個……什麼也帶不走。

這輩子，真正屬於你的，是你度過的每一寸光陰，是你這一生擁有的所有經歷。

海德格說過：「人生是向死的存在，用渺小的人生去爭天爭地，卻也爭不過一死，既然都得死，何不活得豁達些呢？」

既然百年後，什麼都留不住。忙什麼？急什麼？爭什麼？你贏我輸，何必耿耿於懷？你多我少，又怎麼樣？何必處處計較、步步不讓？

既然百年後，就再不會有人記得，沒人再談論關於你了。那麼別人對你不滿又如何？負面的評價，有什麼大不了？還有什麼放不下？

既然百年後，沒有什麼是你的。在短暫停留中，我們應該把握當下，時間到了就淡然放下，不是嗎？

這世上所有的東西都只是暫時借用

人在世間走，本就一場空，別忙到沒日沒夜，即使離開人世，還是會有沒做完的事。別執迷於追求，卻忘了生活，擁有再多也換不回人生。

我們總以為來日方長，卻忘了人生無常，活一天少一天，見一面少一面。珍惜每一個因緣，每一次相聚，別浪費時間在那些傷害自己、傷害別人的事情上，也許一場意外，還沒來得及說再見就不復相見。

知道這世上所有的東西都只是暫時借用，我們帶不走任何東西。活著的時候，就盡情體驗，用心感受生活的美，細細品嘗幸福的滋味，放慢腳步，佇足欣賞天邊的夕陽，滿天的星斗，靜下來感受山巒的霧氣，晨曦的詩意。

百年後，這些最感動的瞬間，都不可得了。

我們來到人世本來就是兩手空空，走得時候也是兩手空空，

我們本來就是從零開始的，就只是「回到原點」。

當知能失去的本來就不屬於你，便能看淡。

當知自己是來體驗人生，就會豁達。

許多事情只要拉長時間回溯，人生會更加通透。

想像一百年後，會變得雲淡風輕。

早知，當初

如果「早知」要這麼做，「當初」就不會那麼做

人生路上佈滿許多選擇題，我們卻常在事後陷入「早知道……」「假如當初……」的懊悔情緒裡。

今天你工作不順，你懊惱，「早知當初轉行，現在就成功發達。」

今天你遇人不淑，你後悔，「如果當初跟誰，現在就幸福美滿。」

今天你出了意外，你懊悔，「要是當時改道，現在就不會發生。」

真的這樣嗎？世事難料。你選擇了一條路，就無法確知走另一條路的結

果。例如，從台北到宜蘭，你選擇走濱海公路，可以沿途欣賞美景。如果你嫌砂石車多，又費時耗油，當然會後悔：「當初應該走高速公路才對。」但如果你在高速公路遇上大塞車，又會懊惱當時選錯了。

我們不能站在後來的高度，去評判當年的自己

有個同學，當年為了支持先生拚事業，放棄出國唸書的機會，婚後全職扮演家庭主婦。沒想到，現在先生飛黃騰達，卻提出離婚的要求——因為他有了新的對象了。

她憶起往事，感到非常懊悔。自己為了這個男人放棄留學和工作，結果卻換來一場空。

她說：「假如當時我堅持出國，所有的一切都會完全改觀。我可能不會和他結婚，我也不會浪費多年的青春在他身上。」

其實，如果「早知」要這麼做，「當初」就不會那麼做。這選擇在當時來看未必是錯的，也是經過深思熟慮，衡量利弊才決定。

作家楊絳這麼說：你不必在五十歲的年齡，悔恨三十歲的生活；也不必在三十歲的年齡，悔恨十七歲的愛情。我們不能站在後來的高度，去評判當年的自己，這本不公平。如果重來一次的話，以當時的心智和閱歷，還是會做出同樣的選擇。

沒有經歷、沒走過，就不可能知道

永遠不要追悔自己沒選的那條路。很多現在讓你痛苦的事，也曾讓你熱烈期待；現在讓你痛苦失意的事，也許最後讓你開心得意，也可能是未來翻轉的契機。

聽成功創業者演講或接受採訪時，常聽到類似的話：「要是我知道自己原來什麼都不懂，我根本不敢創業。」或是說：「要是我知道創業有多辛苦，我就不想創業了。」不過，最後他們通常會補充說：「我很慶幸自己當初不知道，否則就沒有今天的成就。」

人生是無法預期的。就像去看棒球賽，誰都不曉得接下來賽事會如何變化，而它吸引迷人之處也在這裡，因為其中會有安打的喜悅，有觸殺的刺激，有全壘打的興奮，有三振的懊惱，更有緊張萬分的賽程……人生因為未知而精彩。

沒有經歷、沒走過，就不可能知道。現在你覺得懊悔，不就是過去無知所得到的「領悟」？

如果你知道和某人三年後會分手，還會交往嗎？

假如你知道要做的事會歷經波折，還會去做嗎？

假如你已經知道自己的死期，還會開心慶生嗎？

其實，在這世上的所有人事物，不管我們擁有什麼，失去是早已注定的，

只是不知道會在什麼時候，才如此積極進取。

其實，我們一出生就被判了死刑，只是不知道會在哪一天，以什麼方式，

而也就是這種「無知」，讓我們對生命懷抱希望。

美好就從放下的那一刻開始

去過你想過的日子，別去想你過了的日子

莫言說：「一個人罵了你一句，你記了兩天，他就罵了你兩天；你若是記了一年，那麼他就罵了你一年；你若是到死都記得，那這個人就罵了你一輩子。」

受到傷害，感覺憤怒、厭惡、悲傷、痛苦，甚至憎恨，這些都能理解。然而對他人的傷害記恨愈久，等於延長自己的痛苦，就愈是折磨自己。對方也許只傷害過你一次，你卻在心中一而再、再而三，反覆的想著，好像已被

傷害過千百次似的。

想想，那些事都已經過去，現在是誰折磨你？是你不放的執念，對嗎？傷害你的那個人會難受？他並不知道，或早就忘了，這不是自找苦吃？

除了記憶以外，傷害並不存在

在江戶時代，有一位著名的高僧盤珪禪師，當人們前來請禪師開示時，他會對婆婆這麼說：「不要怨恨你的媳婦。你怨恨的是媳婦於某時說過某些話的記憶，只要抹掉這些記憶，你家的媳婦就不討人厭了。」

他也會對媳婦這麼說：「你的婆婆並不討厭。你怨恨的是婆婆於某時說過某些話的記憶，只要不去回想，你會發現婆婆並不討人厭。」

盤珪禪師將這種開示運用在每個人身上，他說：「人的記憶，正是苦痛的來源，只要沒有記憶，痛苦自然消失。」

詩人泰戈爾寫道：「有一個夜晚，我燒毀了所有記憶，從此，我的夢就透明了；有一個早晨，我扔掉了所有的昨天，從此，我的腳步就輕盈了。」除了記憶以外，傷害並不存在。我們不需要知道如何讓事情過去，只要明白事情已經過去就好，那些曾經傷痛的回憶，便不能再傷害我們。

你扛了多少不必要的包袱？你還要扛多久？

許多人認為要放下談何容易，事實上不放下更難。

有位心理學家為學生上一堂壓力的管理課，這位心理學家舉起一杯水，笑著問：「同學們，大家知道這杯水有多重嗎？」各種回答都有。

心理學家接著說：「在這個問題當中，重量並不是那麼重要，其實取決於你托著這杯水的時間。如果你托住這杯水一分鐘，沒有問題；如果你托著它一個小時，你的手臂會酸；如果你托著它一天，你的手臂將會麻木。在這幾種情況下，這杯水的重量沒有任何的改變，但是你托得愈久，你會感覺它變得愈重。」

生命的過程就如同一次旅行，你身上背負的行囊是否在旅程中變得愈來愈沉重？你是否檢查過有多少是不必要的？你還要扛多久？這些東西值得你背負而累壞自己嗎？

去過你想過的日子，別去想你過了的日子。不要停留在不開心的過去，而錯過了屬於你的美好當下。

美好就從放下的那一刻開始。

如何才能放下？

你如何放下一袋沉重無用的垃圾？只要不再緊抓著就好。

你可以試試，當你持有受害的想法時，會如何反應？

心情覺得如何？是不是感受到非常多的負面情緒，那為什麼不放下？

假如你能夠放下過去，活在每個當下的時刻，情況會怎樣？

是不是心情輕鬆愉快？放下過去，也放過自己。

PART 6
心愈安靜，愈有力量

一個人太在乎自己，任何雞鳴狗吠都會干擾你。
太把自己當回事，任何人的言行舉止，
都會覺得是在針對自己。

你會受到折磨，是因為太在意；
你看重什麼，什麼就能左右你的情緒；
過多的在乎，才會讓自己感覺永遠都在受傷害。

閉口，蒼蠅不入

開口可以是一時衝動，閉嘴卻需要相當自制

「我們花了兩年學會說話，卻要花上六十年來學會閉嘴。」這句出自於海明威的話，多年來我一直用來提醒自己。

過往，我常因話太多，讓不得體的話語脫口而出；也曾因話說太快太滿，而付出代價。有時太急於表達，不等人把話說完，就直接打斷；或只抓住了某句不認同的話，便耐不住性子插話。更嚴重的是控制不住自己，明知那些話一出口肯定會得罪人，卻還是管不住嘴，讓自己「禍從口出」。

話多，錯多，是非多。年歲愈增長愈發現，在說話這件事上，「沉默是金」確實是金科玉律。

有人認為，太沉默的人木訥無趣。首先，沉默並不是教人緘口不語，而是要三思而後言。在沉默中熟慮，比後續再說清楚更省力，且讓自己說出的話更有見地與信服力。沉默看似無言，實則更有力量。

不要把心直口快建立在別人的痛苦上

開口可以是一時衝動，閉嘴卻需要相當自制力。以下四種情況請管住嘴。

不要口不擇言

有些話說了傷人，不說破；會令人難堪的事，不揭穿。那些與自己無關，別人不想讓你知道的事情，千萬不要刨根問底。

如果不知道一句話是否該說，最好閉嘴不提。雙方關係好，可以私下以委婉含蓄的方式向對方提出，即使如此，也要點到為止。別把心直口快建立在別人的痛苦上。

不說自己和他人的秘密

在這個世界上，真正理解你的沒幾個，不是所有人都可以推心置腹。把自己的秘密毫無保留地告訴人，可能成了茶餘飯後的笑話，或日後被用來詆毀、傷害你。

同樣，不要去說別人的醜事，不要去傳別人的私事。當別人不在場，不會知道你說什麼，這也是你展現人品的時候。

不炫耀自己得意之事

愛炫耀的人，渴望別人的讚美認可，結果卻讓人不悅生厭。人都有嫉妒心理，沒有人喜歡「被別人比下去」。當你春風得意的時候，很容易讓人眼紅，從而與你疏遠。若不懂收斂，可能會招來明槍暗箭。

不做無謂的爭辯

最難溝通的不是沒有知識的人，而是有標準答案的人。

主觀性特別強的人，感覺自己永遠是對的，無論你說什麼，都是左耳進右耳出。和你的價值觀相差甚遠的人，極力解釋，費勁說服，都是白費口舌。

智慧由聽而得，悔恨由說而生

西方諺語：「上帝給了我們兩隻耳朵和一張嘴，就是要我們多聽少說。」

傾聽是最好的溝通。專心地聽別人講話，可以增進人與人之間的理解，能多聽，自然就會少說。

給人留下好的印象，有助於溝通的順利進行。

傾聽是表達尊重。人們總是最關注自己的問題和興趣，如果有人願意聽你講話，馬上有被關心、被重視的感覺，也是給予最大讚美。

傾聽可以增廣見聞。當你開口的時候，你說的是你已經知道的事；當你聽別人說話時，才知道自己不知道的事。

智慧由聽而得，悔恨由說而生。一雙願意聆聽的耳朵，遠比一張愛說話的嘴巴更受歡迎。當你的言語沒比你的沉默有價值，請閉上嘴巴！

閉嘴的好處：

一、蚊蟲、蒼蠅飛不進。

二、讓人感覺有內涵、深度。

三、不讓自己留下太多證據，證明自己無知。

四、避免愈描愈黑，一錯再錯。

五、就算被誤解，也不會被誤傳。

六、遠離禍事，避免不必要的矛盾和糾紛。

在乎者，多傷害

要解決的不是傷害你的這個人，而是我們的在乎

聽見外面汽機車、狗吠聲時，多數人不會因這些沒有意義的聲音感到惱怒，但是聽到無建設性的批評或謾罵時，卻氣憤難耐。為什麼？

樹上小鳥啁啾鳴叫，跳上跳下，多數人不會引起敵意反感，但角落有人竊竊私語，指指點點時，卻招人厭惡不滿。為什麼？

「在乎者，多傷害」。一個人太在乎自己，任何雞鳴狗吠都會干擾你。太把自己當回事，任何人的言行舉止，都會覺得是在針對自己。你會受到折

磨，是因為太在意；你看重什麼，什麼就能左右你的情緒；過多的在乎，才會讓自己感覺永遠都在受傷害。

從你在乎一個人開始，他就具備了傷害你的條件

有個先生在公司的人緣很好，可是有一件事讓他覺得很苦惱：有位同事經常在主管面前打他的小報告。他自認為沒有對不起那位同事，不理解他為什麼要這樣做。

縱使其他同事都向著他，認為對方太小心眼了，甚至連主管都告訴他：他不會在意那些無聊的話。但此事還是讓他耿耿於懷，也因此連續幾個晚上睡不著覺，半夜在床上翻來覆去。

有一天他的太太忍不住問他：為什麼會睡不著？他告訴太太事情的原由。

他太太問：「他向主管打小報告，有用嗎？」

他回答：「一點用也沒有，主管和我感情很好，不會受他的影響。」

他太太說：「不對！打小報告有用，他讓你睡不著覺。」

從你在乎一個人的那一刻開始，他就具備了傷害你的條件。如果你不能放下，還是在想該如何回擊，還深陷在受害的角色、被傷害的情境裡，你還是會繼續受傷。

李敖講過一段話非常真切，他說：不要過分在乎身邊的人，也不要刻意去在意他人的事。在這世上，總會有人讓你悲傷、讓你嫉妒、讓你咬牙切齒。並不是他們有多壞，而是因為你很在乎。所以想心安，首先就要不在乎。你對事不在乎，它就傷害不到你；你對人不在乎，他就不會令你生氣。在乎了，你就已經輸了。什麼都不在乎的人，才是無敵的。

是的，要解決的不是傷害你的這個人，而是我們的在乎。

什麼都不在乎的人，反倒一點煩惱都沒有

有一戶農家，院子裡有一缸是下雨時接盛的水，可以拿來洗衣服。總有幾個小孩會跑來院子裡玩水。只要一聽到孩子把水攪得混濁的聲音時，婦人就會生氣的跑出來察看，但孩子們早就跑得無影無蹤，氣得她直跺腳。

婆婆看她被一缸水弄得心神不寧，安慰她說：「你的心怎麼比水還容易混濁呢？那些惡作劇的孩子們，你愈是在乎，他們就愈是高興；不去理會，時間久了，他們就覺得沒什麼好玩了。不要管水了，反正水到最後也會變清澈。」

婦人聽了之後，便不再理會那些孩子。很快他們就失去了興趣，水也就自然地澄清了。

人生永遠是這個道理：心裡愈在意，遇到的困擾愈多；什麼都不在乎的人，反倒一點煩惱都沒有。如果你不在乎，就沒有人傷害得了你。

「深水沉靜，淺水喧嘩」。

丟石頭到很深的河流不會激起大水花，踩踏淺淺的積水，往往水花四濺。

一個有深度的人表現沉靜，層次高的人不隨人起舞，

心智成熟的人不會跟小孩一般見識。

討厭一個人，不必翻臉，漠視是最好的回擊。

忍住、深呼吸，幾分鐘就過去了。

內心保持平靜，對你的影響便到此為止。

任何攻擊若沒得到回應，自討沒趣就會放棄。

眞正的聰明，是學會裝傻

不計較，縱然不能解決所有的問題，也能少掉大半

在這世上，沒有絕對的傻瓜，只是有些聰明人懂得裝傻，而有些傻的人卻喜歡裝聰明。

一個人太過精明，愛占便宜，在對方的心裡都會有衡量；沒拆穿，只是不想說破而已。人的本能反應是防備，以免自己被算計了。自以為聰明，其實失去了更多。

凡事錙銖必較，心胸變的狹隘；凡事爭個清楚明白，處處都有怨言——

朋友聚會自己多買了一次單、服務生先照應別人、計程車司機載錯路、商店賣的東西比別人貴、主管上週又讓自己多加班、父母不公平、自己付出的比伴侶多……，愈爭心愈累，愈怨心愈苦，傷人又傷神。久而久之，朋友遠之，親人疏之，家人變成路人，甚至不如路人。每天計較在無數個得失之間，生活變成一團烏煙瘴氣，又有多少快樂可言？

「傻」不是愚蠢，而是一種明白

看看那些愛計較的人，多半活得不開心。再看身邊豁達大度的人，多半過得好、人緣好、家庭美滿，左右逢源，看似吃虧和退讓，實則是以退為進。

朋友跟我分享：他的員工裡，有一個年輕人很傻，別人不想做的工作都攬起來做。

他又說：之後如果遇到機會，一定會拔擢他。

傻人有傻福，那些不計較的人總會伴隨著好運與福氣。

「傻」並不是愚蠢，而是一種明白。不計較付出才能得到，少算計才能贏得信任，與人方便也給自己方便，給人讓步也留自己後路。不生是非、不起煩惱，身心才能快活。

分享一則故事：有位先生剛從繁忙的工作崗位退休下來，他太太就迫不及待地表示要去日本玩。先生聽到以後，就開始著手聯絡旅行社、辦護照等出國的事宜。

他兒子見狀就說：「爸，你不是去過日本兩次了嗎？其他國家你都沒去過，難得出國一趟，怎麼不跟媽媽商量一下，去別的國家走走呢？」

他回答說：「沒關係！你媽媽高興就好。」就這樣老倆口高高興興地出國旅遊了。

過年時，這先生要去買年貨，孫子知道後就建議他去某家商場購買，並興高采烈地說那裡物美價廉、有賣什麼、什麼東西多好吃……等等。他靜靜地聽完孫子的話以後說：「好啊！我們就去那裡買吧！」

過後，兒子問他：「爸，你不是說那家商場賣的東西很貴嗎？」

他回答：「孩子高興就好，我不想掃他的興。」

不與他人一般見識，放下便無事

想終止內耗，從不計較開始。

遇到無傷大雅的事，不妨裝聾作啞；遇到無關原則的事，就睜一隻眼閉一隻眼。

世間的理爭不完，糾結永遠解不完，算了吧！

不計較，縱然不能解決所有的問題，也能少掉大半。糊塗一點，煩惱又少了大半。不與他人一般見識，放下便無事。

有人說：「聰明的人喜歡猜心；雖然每次都猜對了，卻失去了自己的心；

糊塗的人喜歡給心；雖然每次都被笑了，卻得到了別人的心。」

不計較一時，才能贏到最後。懂得裝傻，才是最聰明的人。

你如何分辨自己心是敞開的，還是封閉的？
很簡單，只要觀察你是否計較。

當計較的時候，你只想到自己，就會變得封閉。
你會陷入衝突、爭鬥、憤怒、妒嫉、焦慮、抑鬱等負面情緒。
太計較，心胸就變狹隘。當你忘了自己，這些痛苦就會消失。
你注意過嗎？不論何時，當你快樂、喜悅、幸福時，你是忘我的。
你愈不計較，心胸就愈開闊。

遠離消耗你的人

你不能改變身邊的人，但你可以選擇讓哪些人留在你身邊

你有沒有觀察過，我們在歡喜快樂時，會散發正面的能量，萬事萬物都變得美好，然而當心情沉重鬱悶的時候卻完全不同。這些負面的能量從何而來？這些能量很可能不是來自我們自己。

人與人相處，是一種能量交換，你的能量會影響別人，別人的能量也會感染你。遇見正能量的人，很容易溫暖你、激勵你、點燃你、照亮你，讓你內心充滿陽光。反之，與負能量的人在一起，只是不斷地消耗你的時間、精

力、金錢、生命，擾亂你的思緒，讓我們變得消極悲觀，失去動力。與負能量的人相處，自己也會莫名的情緒化，感覺身心俱疲。

遠離他們，才是對自己最大的保護

以下是幾種你該及時抽身，盡量遠離的人。

怨天怨地者

遇到困難就唉聲嘆氣，開口閉口都是抱怨，覺得全世界對不起他，卻從不反省自己。只會宣洩吐苦水，卻不想聽建議和改善。這樣的人，難以看見身邊的關愛與可能的改變，在一起會被消耗掉幸福感。

自私自利者

說話總在講著自己。我如何、誰對我如何、跟我又如何等等。萬事只考慮自己的需要和利益，很少考慮他人。缺乏與人相處的同理心，無視他人的付出，為了自己的目標，可以踩着別人的背往上爬。

勾心鬥角者

這種小心眼，或者心眼多的人最可怕，也最難防範。他們表裡不一，看起來很友善，阿諛諂媚，其實內心陰暗，精於算計。喜歡到處探聽別人的秘密，搞小圈圈和亂傳八卦；有功勞邀功、有麻煩卸責；很會見風轉舵，行為不光明磊落。

否定批評者

總是對別人進行負面評價，無論是你的想法、生活、工作、感情、教養方式，好像自己做什麼都是錯的。這類人，嫉妒心強，見不得別人取得一點成就，否定那些做得比他們好的人，讓人陷入自我懷疑，嚴重影響你的自尊和自信。

不斷索取者

你接二連三地幫助對方，可最後到頭來，得到的不是感激，反而是得寸進尺。知道你好說話，就會一而再地麻煩你；看到你好脾氣，就再而三地擺佈你；知道你不會拒絕，就會變本加厲地要求你。一旦你無法滿足時，可能還會因此遭到記恨。

該靠近的靠近，該遠離的遠離

什麼是好的感情？好的關係？就是讓我們都能成為更好的自己。你不能改變身邊的人，但你可以選擇讓哪些人留在你身邊。

怎麼選擇適合你的人？建議大家可以參考「能量定律」。

什麼是能量定律？稻盛和夫這麼說：

一、能量比你低的人：懷疑你、否定你、批判你、嫉妒你、攻擊你。

二、能量同頻的人：喜歡你、肯定你、欣賞你、陪伴你、珍惜你。

三、能量比你高的人：理解你、包容你、守護你、扶持你、成就你。

想過嗎，你身邊誰真正帶給你能量，誰在消耗你？

你還要繼續耗下去嗎？

你想成為什麼樣的人，就和什麼樣的人在一起。該靠近的靠近，該遠離的遠離。無論你曾付出多少、有多捨不得，及時止損，因為對方帶給你的只有消耗。少了他們，你會更好。

人的能量是會互相影響的，就像每個房間都各有不同的味道，
餐廳有餐廳的味道，客廳有客廳的味道，地下室有地下室的味道。
如果廚房有人在做菜，你在客廳、臥房都會聞到。
同樣，當我們與某人頻繁相處，
便會不知不覺影響彼此的情緒、性格和習慣。
想像一下，你的人際關係是房子裡的幾個房間。
你是如何受到房間裡面的人所影響？
你喜歡目前待在房間裡面的人嗎？想邀請誰入住呢？

珍惜遇見，笑對別離

世上所有的遇見和分離，都是成就更好的自己

人生旅途上，我們一邊遇見，一邊再見。有人走著走著就走進心裡，有人走著走著就散了。交情再深的，也可能再無交集；無話不說的，也可能無話可說；親密無間的，有時一個矛盾、衝突或者誤解，就是天涯陌路。

聚散離合人間常態，大多數關係是階段性的，大部分的人都只能陪伴我們走上一段路程。在茫茫人海中，能夠相遇、相識、相知，是一種難得的緣分。珍惜眼前人，珍惜與我們同行的時光，即使結局還是分道揚鑣，我們都

曾經陪伴彼此，為生命增添不同色彩。

相遇是緣分，別離何嘗不是最好的安排

每個相遇都會有意義。你與對方一起經歷的每一刻，有笑有淚，有晴也有雨，過程都留在記憶。就算關係結束，關係中美好的部分也不會隨之消失。就算沒得到想要的，但一定讓你成為更清醒的自己。

每場分離都會帶給啟示。不要把分離看作是情感的終點，而是一個新的起點。你才可以回頭去看，明白自己曾經擁有什麼、需要什麼，而沒有這一切又代表什麼。如果你能這麼想，每一次的結束都是重新認識自己和重建人生的契機。

最好的感情不是彼此擁有，而是彼此相惜。當我們付出真心卻沒得到相應的回應，為了討好而成為彼此的拖累，要學會轉身。寧可一個人勇敢地

活，也不要卑微地忍氣吞聲。寧可一個人活的精彩，也不要死抱著一份沒希望的感情。因此，當你堅持是不斷的挫敗感，就是該考慮放手的時候。

相遇是緣分，別離何嘗不是最好的安排。也許放手當下很艱難，但放下一段不再讓彼此成長的關係，放下那些感到失望和痛苦的情感，是不是也鬆了一口氣？

放手，有時是放過自己，同時也找回自己，做回了自己。

珍惜每一次的相遇，決定放手就瀟灑乾脆

很喜歡宮崎駿說的這段話：「人生就是一列開往墳墓的列車，路途上會有很多站，很難有人可以自始至終陪著走完。當陪你的人要下車時，即使不捨也該心存感激，然後揮手道別。」

任何關係走到最後都是相識一場，沒有一個人可以至始至終陪著你走

完。在一起的時候，就彼此相惜，不辜負每一份真情。走散的時候，也能記住最好的彼此，不翻臉，不詆毀，不糾纏。珍惜每一次的相遇，決定放手了，就瀟灑乾脆。能遇見是美好，能好好說再見也是。

張愛玲說：「無論誰離開你，都要放寬心，
別忘了，他沒來之前，你本來就是一個人生活。」
感情結束了，這是你和他的終點，不是世界末日，無需看得太重。
痛苦只是當下的現況，並非永遠如此。
現在的感受，不是未來，數月、數年之後的感受。
請試著忍住，幾個星期不聯繫，幾個月不聯繫之後，
你就會發現時間會沖淡一切。
只要能熬過，你就能找到一股新的力量。

PART 7
停止內耗，活出自己

愛可以包容差異，但無法改變差異，
不論面對什麼樣的差異，你可以選擇接納，
不再期待對方改變。
或者，選擇分開，等下一個更適合的人。
一個人可以過得很快活，何必找個對象來折磨？

學習獨處，找回自己

孤獨並不可怕，獨處能活得更像自己

當你獨自一人時，你有什麼感覺？是享受獨處的時光，還是感到孤寂、落寞，心裡忐忑不安？

很多人害怕自己獨處，吃飯不喜歡一個人，看電影要找人陪，參加活動約朋友一起，彷彿有人陪著才安心，才能開心，你也是這樣嗎？因為害怕孤單，總是把自己的時間填滿，寧願跟人在一起很累，也不要一個人落單？

事實上，一個人獨處有許多的好處。首先，你只需要應付自己一個人。

獨處可以享受平靜且不被打擾，更能集中注意力，工作與做事更有成效。

在這段專屬於自己的時間，你不用偽裝，不必在意他人的眼光與評價，不需要配合別人，可以隨心所欲，無拘無束、自由自在，做自己想做的事情。

人之所以怕獨處，往往是因為不了解它的益處。當你愈感到孤獨，愈需要學習獨處。

獨處，回歸一個真實的自己

《百年孤寂》中有這樣一段話：「比起有人左右情緒的日子，我更喜歡無人問津的時光，一個人最好的狀態，就是獨處的時候；安靜自在，不用周旋於別人情緒，也不必刻意判斷他人的心思，自己陪同自己，回歸一個真實的自己。」

寫作之後發現自己需要完整獨處的時間，社交愈來愈少，反而喜歡這種簡單平淡的生活。雖有時也感到孤寂，收穫卻更充實豐富。也許有人認為我自命清高，認為我孤傲不群，都無所謂，愈知道自己要什麼，就愈不在乎別人說什麼。

人們常誤解「孤獨」與「獨處」。「孤獨」是因落單感到寂寞，所產生的悲觀情緒；而「獨處」是主動選擇，能感受到平靜與喜悅。這是完全不同的狀態。

人害怕孤獨，說穿了，是害怕面對自己。因為獨自一個人，就必須面對自己的問題，自己的心情，自己的煩惱、焦慮、痛苦……。一個人會感到孤獨，不是因為周遭沒有親近的人，而是與自己的關係疏離。選擇獨處，能幫助我們檢視自我，傾聽內心的聲音，進而親近自己。

學會獨處，能活得更像自己。

如果有一天，你發現過去的朋友變得獨來獨往，那可能是因為他找到真實的自己，找到真正自己想要的人生。

練習獨處，就是讓自己面對孤獨最佳方式

孤獨是生命本然，你我都獨自出生，獨自死亡。我們或許可以結交朋友、參加社團或混在人群當中，製造出表面上的關係，但在內心深處，我們仍是孤獨的。生活中不可能隨時都有人陪在身邊，即使是家人、最好的朋友，也不可能形影不離，許多時刻我們都要獨自面對，有一天也是自己一個人離開世間。

練習獨處，就是讓自己面對孤獨的最佳方式。一個人學會了自己陪伴自己，一個人吃飯、一個人逛街、一個人看電影、一個人旅行，一個人開心，便學到了人生最重要的一項能力。你可以在心靈上「自給自足」，同時也學會如何獨立。

多留點時間給自己！

每天留一段完整的時間與空間給自己。時間可安排在下班後、睡前，一天當中你最空閒，最不會被打擾的時刻。地點只要是安靜、舒適的環境都可以，例如：自己的房間、喜歡的咖啡廳、附近的公園，或者任何你感到放鬆的地方。

獨處時準備紙筆或是手機，將你的想法、感受和經歷寫下來。這可以幫助你整理思緒，沉澱自我、反思人生，並重新連結內在的聲音。

獨處一段時間後，問自己以下問題：有什麼不同的體會或改變？是否更快樂與自信？是否與人關係更美好？是否更加獨立自主？記錄下來，你會發現獨處的樂趣與好處。

沒什麼好比，每個人都是唯一

只需要做一個最好的自己，不需要比誰都好

沒有一個人天生就有自卑感。大家都是和別人比較以後，相形見絀，才產生自卑。可是不管你是誰，擁有什麼，有多少能力，總有人在某方面勝過你，比你漂亮、聰明、有才華，或比你更受歡迎、出色的成就，擁有更多金錢。相較之下，你覺得處處不如人，就會影響對自己的評價，產生自卑心理。

問題是，每個人都是獨一無二，要怎麼比？就像你不會拿打棒球的身高去跟打籃球的比，贏過對方有什麼意義？為了跟別人比，忽視了自己的長

才，或是拿別人的成就來否定自己，不是很蠢嗎？

對於很會唸書的哥哥來說，考試超簡單，但對讀書沒這麼在行的妹妹，有進步就值得慶幸。如果她跑去跟哥哥比，一定會覺得自己很笨，但她只要跟自己比，知道自己的長處在別的地方，可能是語文、跳舞，她就能找到自己的價值。

不必稱羨別人的炫麗，你也有自己的光彩

有個人非常高興地對朋友說，他剛才一下子贏了三個世界冠軍。朋友驚訝地看著他，「這怎麼可能？」

「我沒騙你，」他笑說：「我和跳高冠軍比賽遊泳，他被我甩開了一大截。我和游泳冠軍比賽騎馬，一圈沒跑完，他就從馬背上摔了下來。我和賽馬冠軍比賽跳高，他輸得更慘。你說我是不是一下子就贏了三個世界冠軍。」

朋友聽了，啞口無言。

尺有所短，寸有所長。不要拿自己弱點去跟人比，也不用拿自己的優越去跟人炫耀。每個人有他的長處，也有自身的不足。

與其耗費精力盲目與人爭高下，不如專注找出自己擁有的特質。

俄國作家契訶夫比喻得妙：「有大狗，也有小狗。小狗不該因為大狗的存在而心慌意亂。所有的狗都應當叫，就讓牠們各自用自己的聲音叫好了。」

做你自己就好，做好屬於自己的角色，你的存在不需要靠比較來證明。

小鳥沒必要和老鷹比高低。你有寬大遼闊的視野，我有輕盈靈巧的身體。你翱翔天際很厲害，我穿梭林間一樣也很厲害。

人生就算沒有了不起的成就，認真把每一天過好，盡力把每件事做好，也很了不起。

最好的比較，是跟過去的自己比

有一位女子在閨蜜的慫恿下，報名參加了一個舞蹈培訓班。但是，她很快就發現，自己跳舞的時候總是特別的緊張，尤其是當一個簡單的動作別人都完成了，而教練還在反覆地糾正她的動作，心裡就更是發慌，因而接連不斷地出錯。

為此，她痛苦不已：「別人都跳得那麼好，我怎麼就這麼差勁呢？」

有一天，在進行一個舞步的講解時，教練不經意地說了這樣一句話，像是對所有人說的，也像是針對她一個人說的：「不要管別人跳得如何，只要做到了自己的極限就可以了。」

她牢牢地記住了這句話。

以後，每當跳舞的時候，她就這樣提醒自己要隨性些、放鬆點：「即使跳得沒有別人好也沒有關係，只要我做到了自己的極限就好。」

慢慢地，她發現自己的心態不一樣了，不再去和別人比較，而是投入地練習自己剛學會的舞步。而且，她還欣喜地發現，有不少地方別人還沒有自己跳得好呢！

這就對了。不要求自己贏過別人，只要這次的你比上次強，今天的你比昨天進步，現在的你比過去好，你就已經超越了自己。

別人多好終究是別人的，自己有多好才是屬於你的。脫去了比較，就會知道每個人都是唯一。

想克服自卑，首先要正確認識自己。

你有什麼優點和長處？

你擅長什麼？外語、舞蹈、運動、人際關係？

有什麼事情做得很好？

過去曾克服哪些困難？有哪些努力成功的事例？

有哪些人相信你，肯定你？

當你更了解自己，感受到自己的價值，自卑就會消失。

對於外在的比較，才能從容自在，不再困擾。

會羨慕，是因爲你並不瞭解

人人都有難言之隱，各有各的身不由己

網路上看到一個影片，一個騎單車和一個開著豪車的人，同時都在等紅綠燈。

騎自行車的，看著開豪車的心裡在想：「我什麼時候才買得起這樣的車，像他一樣有錢，可以去想去的地方，該有多好。」

隨後，鏡頭轉到開豪車的人，他看著騎自行車的，心裡想著：「我要是還像他那麼年輕就好了，不用到處奔波，承受那麼大的壓力。」

當綠燈亮起的時候，兩個人一同駛向了前方……。

人都是在互相羨慕：你羨慕我有錢，我羨慕你悠閒；你羨慕我身材，我羨慕你口才；你羨慕我單身自由，我羨慕你結婚有依歸；你羨慕我的瘦，我羨慕你腸胃好。麻雀羨慕著金絲雀衣食無憂，殊不知，金絲雀也羨慕麻雀可以任意遨遊。

如果跟對方的生活互換，你可能受不了

會羨慕，是因為你並不瞭解別人「生活的真相」，你看到的，只是別人想給你看的。

人都不願意暴露自己不堪的一面，卻樂意渲染光鮮亮麗的一面。你看朋友穿搭名牌時尚、伴侶多金浪漫；在社群上看到去哪遊山玩水、又在哪間餐廳享受美食，這並不代表他們生活美好或真實感受。真相只有他們自己心裡

知道。你羨慕別人的生活比你如意、有趣，也許他只是演技比你好。

遠看，大部分的事物都美麗無瑕；近看卻可能千瘡百孔。每個看起來風光榮耀的人，背後都可能有著不為人知的故事。我們只看光彩卻忽略了陰影；羨慕別人的成就，卻沒看到別人為此付出的努力和代價。羨慕別人的生活，卻不知道他們背後藏著的苦楚，以及需要承擔和承受的一面。

想起一位上市公司的董娘，每次見到她時都衣著華麗，但臉上卻總是眉宇深鎖。我們若把目光放在她的衣物和鑽戒上，都會覺得很羨慕；但是若把目光落在她眉頭上，就又覺得她很可憐。

有一個企業家，在年近七旬時遁入空門，曾感慨說：「這輩子所結交的達官顯貴不知凡幾，他們的外表實在都令人稱羨，但深究其裡，每個人都有一本難唸的經，甚至苦不堪言。」

如果跟對方的生活互換，你可能受不了。

適合別人的生活，未必適合你

有一則寓言故事：

一隻烏鴉，遇到了一隻籠中的鸚鵡，烏鴉羨慕鸚鵡安逸，鸚鵡羨慕烏鴉自由，於是，兩隻鳥便商議交換生活。

烏鴉得到了安逸，卻難討主人歡喜，最後抑鬱而死；鸚鵡得到了自由，但不能獨立生存，最後飢餓而死。

就像你不會因為他人的羨慕而變得幸福。如人飲水，冷暖自知，人人都有難言之隱，各有各的身不由己。

別人的鞋再漂亮，未必合自己的脚，只有穿上才知痛在哪裡。適合別人的生活，未必適合你。收回羨慕的目光，珍惜身邊所擁有的，你會發現屬於自己的幸福。

有句話說得好，

「不要羨慕別人喝的飲料有各種顏色，其實未必有你的開水解渴。」

別人房子大，未必家庭和諧；

別人家庭和諧，未必工作順利；

別人工作順利，未必子女優秀；

別人子女優秀，未必婚姻美滿；

別人婚姻美滿，未必身體健康。

幸福，只要自己覺得開心就行，不需要向誰展示。

只要一家人和和氣氣，開開心心，健健康康，平平安安，

那些看似過得比你好的人，起碼有八成會羨慕你。

人難改變，因爲他本來就是這樣的人

不要試圖改變任何人，連改變的想法都不要有

一隻蠍子要渡河，懇求青蛙背牠過去，青蛙不肯，質疑毒蠍想趁機咬牠一口。蠍子說不會，因為在河中螫死青蛙，牠也會淹死的。青蛙覺得有道理，答應背蠍子過河，想不到眼看著就要游到對岸，蠍子還是忍不住螫了青蛙一下。牠們兩個逐漸沉入水中，即將淹死，青蛙不解地問：「為什麼？」蠍子回答：「因為我實在忍不住。」

有很多這樣的人：選擇了帶刺的人，卻不斷質問：「我不喜歡那些刺，

你為什麼不除掉？為什麼總是刺傷我！」但這就是他的本性。

常言道：「江山能移，本性難改。」一個人天生或已經養成的性格、習慣是根深蒂固的。很難改變，是因為他本來就是這樣的人。

愛可以包容差異，但無法改變差異

聰明的人，寧可花時間去找到對的人，也不要浪費時間去改變錯的人。例如，你喜歡情緒穩定，就要挑選一位EQ高、理性平和的人，而不是努力去改變情緒化的人。你討厭髒亂，就找一個愛乾淨的人，而不是努力去改變一個邋遢的人。

你想被關懷呵護，就找一個細心體貼的另一半，而不是強迫一個粗心魯莽的人為了你而改變。要求一個我行我素的人變成善解人意，只會為關係帶來不滿和失望。

最糟糕的莫過於選一個跟自己相異的人，然後看對方哪裡都不對，並開啟了各種改造。常聽到類似的問題：

「他為什麼總是和我想的不一樣？」

「他為什麼不能按照我希望的去做呢？」

「我該怎麼讓他改變？」

「為什麼他不能為我改變？」

感情沒有那麼神，好嗎！

愛可以包容差異，但無法改變差異，不論你是面對什麼樣的差異。

你可以選擇接納，不再期待對方有所改變。或者，選擇分開，等下一個更適合的人。

一個人可以過得很快活，何必找個對象來折磨？

不是靠強烈的愛，而是不強人所難

人與人交往，不要想著如何改變對方，而是學習如何接納。如果光想要改變對方，那不是關係，而是戰爭。對方非但不會改變，還會出現裂痕，最後兩敗俱傷。

「在不改變的前提下，我能否接受他真實的樣子？」

「如果他都不會改變，我還想跟對方在一起嗎？」

如果你正因為一段感情的去留感到困擾時，可以問問自己：「如果他就是這樣了，那你會怎樣選擇？」

長期穩定的關係，不是靠強烈的愛，而是不強人所難。

每個人都是不同的個體，難以相互理解，是因為我們本來就不是一種人。我們希望按自己的意願生活，就該明白別人也一樣。明白要他人接受這樣的自己前，自己得接受對方真實的樣子，畢竟自己也有對方要忍受的部分。對嗎？

「不要試圖改變任何人，連改變的想法都不要有。」把榮格說的這句話牢牢記住。

如果你不能改變別人，就改變自己；如果管不了別人，那就照顧好自己。當你把自己活好，才可能影響他人。

還記得伊索寓言中那段小故事嗎？

北風和太陽爭論誰的力量大。北風說：

「你看到下面那個旅行者嗎？我可以比你更快地讓他把外衣脫掉。」

北風先用力颳起一陣冰冷刺骨的凜冽寒風，

結果行人反而把大衣裹得緊緊的。

接著太陽從雲後面出來，頓時風和日麗，

旅人感覺溫暖如春，開始解開鈕扣，脫掉大衣。

人不會因你的要求而改變，除非自己願意改變，

我們能幫助的只有那些想要改變的人。

別讓擔憂搞砸當下的美好

你擔心的事，大都是自己憑空「想像」出來的

幽默作家威爾．羅傑斯說過：「擔憂如同搖椅，你似乎一直在忙碌，卻哪兒也到不了。」

當你對某事感到焦慮時，你應該知道：你所擔心的事情可能發生，也可能不會發生。就只有這兩種可能。

如果不會發生，你的擔憂就是多餘的；如果真的發生了，擔憂又有什麼用呢？

憂慮是無濟於事的，它不會讓你的情況好轉，也解決不了任何問題；只會帶來焦慮不安，注意力分散，讓你一事無成。就像一部卡在爛泥裡面空轉的車，造成空氣污染和噪音，浪費燃料，哪裡都去不了。

擔憂不會讓明天的煩惱消失，卻帶走今天的快樂。

聚焦在問題，而非擔憂

憂慮源自我們對即將發生的事情失去控制的焦慮。「如果遭到拒絕怎麼辦？被裁員怎麼辦？萬一失敗了怎麼辦？……」

一旦開始擔憂某件事，就很容易陷入負面情緒的死胡同裡，然後愈陷愈深。憂慮會小題大作，愈放大就愈焦慮。

如何擺脫「焦慮」？

明白焦慮只是一種「情緒」，而非「事實」，內心忐忑不安便能緩解。

將事物分成「可控」和「不可控」。不可控的部分就無須擔憂，因為擔憂也沒用；可控的部分也不需要擔憂，因為你可以採取行動改變。

例如：你明天要面試，不可控的部分是，面試官會提問什麼問題，會不會刁難，怕自己失誤，是否錄取。

可控的部分，如確認自己要帶的簡歷、開場白、要穿的衣服，更積極複習考題、演練面試，做好更多的準備。

不要放大不可控的部分，要專注在自己可控的部分。你的焦點就回到了解決問題上，而不是虛耗在無謂的焦慮。

每天撥出半小時作為「憂慮時間」

《聖經》說：「不要為明天憂慮，因為明天自有明天的憂慮；一天的難處一天當就夠了。」

人生最重要的，是你現在正在做的事，走好眼前這一步，別讓擔憂搞砸當下的美好。

回想一下，這些年你所煩惱、焦慮過的大小事，後來有造成了什麼嚴重的後果？有釀成大禍嗎？你擔心的事，真的都發生了嗎？

答案想必「少之又少」，大都是自己憑空「想像」出來的。

建議大家，每天撥出半小時作為「憂慮時間」。

當你憂慮時，把那些事情寫在紙上，到了憂慮時間，再想解決的辦法。如果忘了，就表示那些事不值得掛心。

成功學大師拿破崙．希爾（**Napoleon Hill**）的作法也可以試試。

他將自己的憂慮時間安排在星期五的下午。如果他在星期一或星期二發現了不安的情緒，就將其寫下，到了星期五下午再想它們。

而真正到了星期五時，許多的問題都奇蹟般地消失。

人只要活著，就不可能完全擺脫焦慮，如同天氣不可能避免下雨。儘管如此，我們也不必成天帶著傘；或是沒有下雨，就打開雨傘，對嗎？

作家湯馬士・哈代（Thomas Hardy）說：

「如果有變得更好的方法存在，那就是看清最壞的情況。」

面對不確定的事，可想想最糟糕的結果是什麼？

通常你會發現，事情不可能壞到那樣，

往往就能夠降低問題所帶來的焦慮與恐懼，並提早準備避免問題發生。

當自己連最糟糕的情況都想過了，那就沒有什麼好怕的，

反而更能積極地去做出行動。

行動是打敗焦慮最好的武器。

PART 8

無所謂，一切都會好起來

所謂的成長，就是越來越無所謂。

以前很想要的，現在不需要；

以前很在意的，現在不再那麼重要；

以前認為的大風大浪，現在不過是水波蕩漾而已。

那些種種不如意，如今再看其實也不過如此。

凡事發生，皆有利於我

那些壓不垮你的，會讓你飄然起飛！

德國作家席勒（Schiller）寫過一則童話：「很久以前，鳥並不會飛，因為牠們沒有翅膀。有一天，上帝把翅膀放在牠們腳邊，要牠們拾起來放在背上。起初大家都觀望著，不願背上這雙笨重的翅膀，但是又不敢違抗上帝的旨意，只好背上翅膀。沒想到翅膀附在背上後，原以為只會加重負擔的東西，竟使牠們飛了起來！」

這則故事深富啟發。如果你有點年紀，那麼在你的生命中，必然歷經過許多逆境，這是肯定的。只要活著，就會面臨一些困頓、磨難與災禍，沒有人能例外。當時你氣急敗壞，你沮喪難過，你哭過、喊過，好像天就要塌下來……然而，多年後的現在再回頭看，是否雲淡風輕，另有一番風景？

逆境不是為了打擊你，而是為了提升你

不經歷一些事，就永遠長不大；不受過一些傷，就學不會堅強；沒被欺騙過，如何看透人心？沒受到打擊，如何發現缺點？沒承受壓力，如何激發潛能？沒有失去分離，如何懂得珍惜？若沒有經過困難，遇事便束手無策；沒經受挫折，必輕易被打倒。所有經歷，皆是禮物。

每個來到我們生命中的人，都是在教會你一些東西。愛你的人陪你成長，傷你的人讓你成長；不喜歡的人給你教訓，即使最差勁的人，也可以提醒你不要成為那樣的人。一路走來，沒有敵人，全都是老師。

任何時候，都不要以受害者的身分來面對，因為若不是這樣的遭遇，你就不會改變，你還是老樣子。凡是折磨你的，打擊你的，都是一次提升自我的契機，每克服一次就提升一層，可以讓你開闊眼界，提升格局，發現更多的可能。

曾經發生在你身上的事，能夠成為你的力量

常提到這則小故事：

有一隻鳥兒，每天棲息在荒原中的一棵枯樹上，這是鳥兒唯一的棲身之所。牠也認為，天底下沒有比這株枯樹更好的地方。某天，一陣驟起的狂風，颳倒了這株枯樹，可憐的鳥兒失去了唯一的居所，只能竭盡所能，千辛萬苦地飛到千里之外，另覓棲身之處。終於，牠來到了一座巨大的森林，林中結滿了纍纍的果實。

有時生命的根基動搖，我們轉向上帝，這才發現，原來是上帝在搖它。

「凡事發生，皆有利於我。」相信一切都是最好的安排，也許走錯路是要讓你遇見更美好的風景，看錯一個人是要讓你遇到對的人。那些發生在你身上的壞事，可能變成生命中最好的機會。

那些壓不垮你的，會讓你翩然起飛！

懂得將磨難視為上天的禮物實非易事。
一開始，你會充滿疑惑抗拒：
「怎麼是我，為什麼這種事會發生在我身上？」
這很正常，因為你並不了解上天的整個計畫，
也無法以比較長遠的視野來看眼前發生的事。
人生好壞都是經驗，想一想：
「我可以從這件事學到什麼？這其中可能有什麼禮物？」
在不好的事情中，看到好的一面，
你就會發現「凡事發生，皆有利於我」。

心累，因爲想太多

想不通就先別想，也許過一段時間就想不起來了

人活得累是因為想太多，很簡單的問題，就因為想得多，事情才變得複雜；不需要煩惱的事情，卻一想再想，心情才變得糟糕。像是：別人隨便一句話，一個表情，就多心猜疑，揣度別人心思；嘗試一項新的事，就想到如果自己失敗怎麼辦；已經過去的事，一直沉溺其中無法擺脫……。

事想多了，心就亂；胡思亂想，心就煩；思緒不斷，心就累。想解開纏繞在一起的絲線，是不能用力去拉的，愈拉會纏得愈緊。一個人過度思考，

或反覆出現令人感到困擾的想法，會增加壓力與焦慮不安，導致或加重某些心理疾病。

如果腦袋會一直亂想怎麼辦？

可以試試以下方法：

一、觀察自己的想法

拿出紙筆，把散亂的想法寫在紙上，或把事情一件件逐一列出來，這是平靜思緒的好方法。當我們把心中的話寫下來之後，可以很清楚地發覺自己的思考模式，「習慣把注意力放在哪裡？老是想著什麼問題？」進而了解自己的情緒。

其次，寫下來後，我們知道之後有時間再去思考，這件事就不會在腦中盤旋。

二、將注意集中當下

完全沉浸在當前的時刻，當前的體驗。比如，當你專注於在呼吸，感受微風吹拂、陽光灑在肌膚上的溫暖，細細品味一杯咖啡的香氣，你就不太可能思緒遊離。

當你全神貫注人際互動，投入手邊的工作，無論是洗碗、撰寫報告，還是複習備考。當你全心投入當下，就不會被過去的懊悔或未來的憂慮所煩擾。

三、嘗試轉移注意力

當你開始過度思考時，可以將注意力轉移到其他事情上，來打破這個循環。例如，收拾房間、看一本書、繪畫，或找親朋好友聊天，到公園裡散步、外出運動、親近大自然等等。

這些活動能暫時忘卻擔憂，還能釋放出讓人感到快樂和放鬆的化學物質，如血清素和內啡肽。

要想擺脫困境，就得先動起來

當焦慮來襲、悲傷心煩的時候，千萬不要什麼都不做；愈是難熬的時候，愈不能閒著。

以前我個性很容易緊張，不管上台說話或參加比賽，深怕自己表現不好，就會預想各種突發的狀況，往往想太多，讓自己更焦慮，反而沒辦法好好準備。搞砸幾次後才領悟到，與其在焦慮中浪費時間，不如多做練習，如果好好準備，就不需要擔心焦慮。

一位讀者經常加班，後來辭掉改做自由業，由於沒有固定的收入，讓他覺得莫名不安。然而就算想破頭，也賺不到一文錢，不如注意眼前可做的事。例如，收集資料、投履歷表、開發多元收入等，只要開始行動，心就能安定。忙雖然累，但忙完了內心充實。一旦忙起來，就沒時間胡思亂想，所有糟糕的情緒就會漸漸消失。

人之所以想太多，是以為想久了就會「想通」。

其實，想法本身就是問題所在。

在情緒低落時不停去想，或是不停去想讓人煩憂的問題，一點幫助都沒有。

如同愛因斯坦說的：

「我們不能用和製造問題時同一水準的思維來解決問題。」

建議大家，「當毫無助益的想法出現，暫時先置之不理。」

放下問題，並非否定問題的存在，

而是當你心情好轉，當閱歷累積夠多，自然茅塞頓開。

很多事情想不通就先別想，也許過一段時間就想不起來了。

接受，是變好的開始

不要陷在怨嘆和哀傷中止步不前，生活還要繼續

每個人心中通常都有一幅藍圖，描繪出我們認為生活「應該」呈現的樣貌。但是，我們若面對現實，就會發現世事無法遂人所願，期望的未必能夠得到，得到的未必是所期望的。不管自己怎麼努力，都有意想不到的狀況發生，這就是生活的真相。

人們會活得痛苦，原因就在不接受真相。只要留意一下，當你失望、生氣、傷心、難過時，是不是正在抗拒發生在身上的事，對嗎？

有句禪宗箴言提醒我們：「若你理解，事物只是呈現原來面貌。若你無法理解，事物依然呈現原來面貌。」

無論發生什麼，就發生了。如果投資虧錢，就是虧錢了；如果親人離去，就是離去了；如果小孩生病，就是生病了。無論你接不接受都一樣。抗拒只會更加痛苦。不接受現實的人，只會停留在負面情緒裡打轉。

接受現實是克服任何不幸的第一步

前段時間，看到一個讀者的投稿，一個母親說自己的孩子被確診為自閉症，為了照顧孩子，她辭掉了工作。那段時間，家裡的氣氛很凝重，她每天都感覺心中有塊大石頭壓著，喘不過氣來。

其中一段內容講到「自我調整」，值得借鏡——對孩子的出生，她曾經有過很多美麗的設想，可是這一切都不存在了。面對接下來的路，她能做的是去學習與現實共處。

一，在正規醫院和機構學習專業的療癒方法，按照自身情況設計合適的學習計畫。

二，加入相關協會，與家長團體一起交流經驗，彼此分擔痛苦，讓自己不再孤單奮戰，碰到困難也可尋求協助。

三，留出放鬆的時間，看書看劇，偶爾出去散散步、透透氣，或是約朋友聊天喝下午茶，做一些會讓自己開心的事。

這也是我想傳達的，不要陷在怨嘆和哀傷中止步不前，生活還要繼續。我們能做的是讓自己變得更加堅強、樂觀、勇敢。

有什麼樣的生命，就用什麼樣的生命過活

尼采說：接受人生的苦難。只要活著，苦難就不是災害，也不是懲罰，

而是人生在世一定會伴隨而來的東西。所以你能做的，就是接受這種必然的到來。當你接受困難，設法克服，自身就會改變。「脫離」過往的自己，四周風景就會不一樣。

人生苦難無法避免，受苦卻是不必要的。一旦你能理解生命中發生的一切，不管是幸福美滿，還是悲慘坎坷，都是過程；你喜歡也好，不喜歡也罷，都是生命的一部分。當你不再抗拒，內心就平靜下來。

真相並沒有改變，改變的是你。生活並未變得輕鬆，只是當你慢慢接受，接受世事無常，接受事與願違，接受自己無力與挫敗感，接受自己的不完美，你就逐漸放鬆釋懷。

生活給你什麼，你就接受什麼。困境不會永久，難過都會過去，開心就笑，難過就睡覺，自在活出自己，就是最好的樣貌。

套句作家卡勒德．胡賽尼（Khaled Hosseini）的話：「如果你改變不了什麼，又沒本事離開沙漠，那你只能把自己變成仙人掌。」

許多人內心紛擾、心煩意亂，都想得到平靜。
那為什麼不平靜呢？
當不平靜時，請檢視你內心發生了什麼？你看到了什麼？
你會發現，一方面你看到發生的事，
另一方面你抗拒發生的事，對嗎？
是誰內心紛擾？是你，而你卻試著去改變，
當然會心情煩躁、思緒凌亂。
如何獲得平靜？
當你允許一切如其所是，敞開心面對事情的本貌，
隨順自然地過生活，真正的平靜便從內在自然地升起。

多愛自己，強過很多人愛你

讓自己變得有價值，你的愛才有價值

長久以來人們對愛最大的迷思，就是以為愛是來自別人。

由於我們不懂得愛自己，每個人都想被愛，因此，當我們失去愛時，便認為自己不值得被愛。

「愛一個人為什麼會有那麼多痛苦？」原因也在這裡。

當你往外尋找愛，你會委曲求全，將就這個，顧及那個；當對方點頭，你就歡喜，對方搖頭，你便失落。那就是為什麼最愛的人彼此傷害最多。

失去愛之所以讓人悲傷心碎，是因為我們失去了自己。當所愛離開的時候，往往你的自信、價值、快樂也同時被帶走。如果你渴望被愛，你的痛苦永遠不會結束，除非學會愛自己。

你一直在尋找一個懂你、欣賞你、關心你的人。這個人能看重你、支持你、珍惜你、讓你快樂，一直愛著你。其實，最合適的這個人，就是「你自己」。

只有對自己好一點，自己才能好一點

別人愛不愛你不重要，真的不重要。

你以為某人能讓你幸福快樂，其實你並不需要。在你還沒遇見這個人之前，你也曾幸福快樂過。

你應該問自己：「我為什麼需要這個人才能快樂？」只有願意為自己的

幸福快樂負責，你才能真正幸福快樂起來。

你以為對別人好一點，你們的關係就會變好，其實不是這樣的，能給別人帶來價值，別人才和你有更好關係。讓自己變得有價值，你的愛才有價值。只有對自己好一點，自己才能好一點。

德國哲學家叔本華說：「一個人自己擁有的愈多，別人能夠給予他的也就愈少。正是這種充足的感覺，使內在豐富的人不願為了與他人交往，而做出顯而易見的犧牲。」

你必須先擁有，而不是找人彌補自己沒有的。

愛誰都可以，先愛你自己。當你不再渴求他人的愛，便無需取悅；不再寄望於他人的回報，便不再患得患失；不再依賴，就擁有安全感。人過得好之後，會看開很多事，身邊的一切也變得美好。你就會發現，有很多的快樂和幸福，不用靠別人給。

別人都會離開，但你自己一直都在

多愛自己一點，那是跟你最親、跟你在一起最久的人。

好好想，人這一生，與你相處時間最長的人是誰？跟你在一起體驗酸甜苦辣是誰？最清楚你內心感受的人是誰？陪你度過午夜夢迴、輾轉難眠的是誰？與你坦誠相對、生死與共的是誰？

總有一天親人會離開，朋友會分散，任何關係任何人都會變。沒有人能永遠疼愛你照顧你，沒有人能代替你過你的人生。不要把幸福依附在別人身上，舒暢的心情是自己給予的，難過的心情沒人能替你承受，你想要的幸福，要靠自己成全。

讀到一句話很有感：「今天的風把我吹醒了，沒愛可以，沒外套真的不行。」把日子過好，照顧好自己的健康和心情，才是最重要的。終有一天你會明白，自己愛自己，強過很多人愛你。愈是沒人愛，愈是要愛自己。

人生很長，好好經營自己。設法獲取一些有價值的東西：
知識、能力、財富、獨立、氣質、自信，只有這些是別人拿不走的。
當你把自己變好，才會遇見更好的人。

人生很短，對自己好一點。
按自己喜歡的方式生活，去做那些讓你愉悅的事，
把自己當作最好的朋友對待。
想要的禮物，想收到的花，自己買單，不要等別人讓你開心。
這是你想要的，為什麼非得經由別人才能得到？

所謂的成長，就是愈來愈無所謂

以前認為的大風大浪，不過是水波蕩漾而已

人生不如意的事十之八九，我們要如何面對大大小小的問題？

稻盛和夫語錄中說道：「我站在一樓，有人罵我，我聽了很生氣。我站在十樓，有人罵我，我聽不太清楚，還以為他在跟我打招呼。我站在一百樓，有人罵我，我根本聽不見，也看不見。」

作家張德芬也打過一個比方：「花園裡有一隻老虎，如果你和他在同一個樓層，你會覺得很害怕；如果你在二樓，恐懼會少一些，但還是有點害怕；

假如你的高度提升到七、八樓，那老虎對你來說就不是問題了。」

如果你的生活老是出問題，總遇到讓人討厭的事，別人幾句話就難過整天，一點挫折就讓你失去勇氣，一點狀況就驚慌失措……，你要做的是提升自己的高度。當你真正變得強大，就沒有什麼事能再煩擾你。

再看看你的問題，真的有這麼嚴重嗎？

還記得你剛會走的時候，想要開門出去玩，是件多麼難的事情。矮小的你，無力的手腳，高高的手把，沉重的門。一不小心，就會失衡跌倒。

現在的你，可以隨意進出，來去自如。門變了嗎？門把的位置和重量變了嗎？沒有。

那為什麼事情變簡單？你變了。你長高了，有力氣了。於是，曾經困難的事，變得輕而易舉。

當你變大，問題就變小；自己變強，困難就變簡單。

王爾德說：「凡事看得太嚴重時，正足以顯示本身的渺小。」看看自己的對手是誰，可以顯示你的高度；你為多大的事生氣，就有多大的格局。高度不夠，眼前就只看得見雞毛蒜皮。

世界很大，大到可以裝下所有的委屈；世界很小，小到容不下兩人並肩。這世界其實不大也不小。就說我們的太陽吧，太陽是地球的一百三十萬倍，而在一個銀河裡又有無數個太陽和太陽系。在千億個銀河裡面，我們住在其中一個恆星的一顆小行星上，只是裡面的八十億人口之一。你的存在不過是宇宙的滄海一粟，你的歡喜與憂傷不值一提。再看看你的問題，真的有這麼嚴重嗎？

天使之所以能飛，是因為他們將自己看得很輕

「人生的高度，不是你看清了多少事，而是你看輕了多少事。」

生活中難免會有不順心的時候，只要你不在意很快就會成為過去，耿耿於懷只會更加沉重，令人難以負荷。凡事看淡一點，心放寬一點，一切便豁然開朗。

遇到爛人別太認真，遇到爛事及時抽身。否則，你會覺得隨時都有人招惹你，隨處都有事為難你。志在山頂的人，不會在山腰跟人抬槓。當你清楚自己是在為了什麼努力，就不會把精力浪費在無謂的事，就能對他人的嘲諷或批評不為所動。

所謂的成長，就是愈來愈無所謂。以前很想要的，現在不需要；以前很在意的，現在不再那麼重要；以前認為的大風大浪，現在不過是水波蕩漾而已。站在高處，笑看世界，笑對人生，花開花謝都是風景，那些種種不如意，如今再看其實也不過如此。

想像一下，你走在市區路上，有個人撞了你，卻頭也不回地繼續往前走。

你怒火中燒，衝向前向對方理論。

現在換個鏡頭，你從某個高樓看到了這一幕，

你看到來來往往行人，川流不息的車，順著高樓眺望城市的繁華，

遠山沐浴著夕陽，天空連接著河流。

再回頭看那個小意外，是否無足輕重？

高寶書版集團
gobooks.com.tw

HL 081
不在意，更能隨心所欲

作　　者　何權峰
主　　編　吳珮旻
編　　輯　鄭淇丰
封面設計　林政嘉
內頁排版　賴姵均
企　　劃　陳玟璇

發 行 人　朱凱蕾
出　　版　英屬維京群島商高寶國際有限公司台灣分公司
　　　　　Global Group Holdings, Ltd.
地　　址　台北市內湖區洲子街 88 號 3 樓
網　　址　gobooks.com.tw
電　　話　(02) 27992788
電　　郵　readers@gobooks.com.tw（讀者服務部）
傳　　真　出版部 (02) 27990909　行銷部 (02) 27993088
郵政劃撥　19394552
戶　　名　英屬維京群島商高寶國際有限公司台灣分公司
發　　行　英屬維京群島商高寶國際有限公司台灣分公司
法律顧問　永然聯合法律事務所
初版日期　2025 年 01 月

國家圖書館出版品預行編目 (CIP) 資料

不在意，更能隨心所欲 / 何權峰著 . -- 初版 . -- 臺北市：英屬維京群島商高寶國際有限公司臺灣分公司, 2025.01
　面；　公分 . -- (生活勵志；HL081)

ISBN 978-626-402-176-0(平裝)

1.CST: 修身　2.CST: 生活指導

192.1　　113020745